• Guias Ágora •

Os Guias Ágora são livros dirigidos ao
público em geral,
sobre temas atuais, que envolvem
problemas emocionais e psicológicos.
Cada um deles foi escrito por
um especialista no assunto,
em estilo claro e direto,
com o objetivo de oferecer conselhos e
orientação às pessoas que
enfrentam problemas específicos,
e também a seus familiares.

Os Guias descrevem as características gerais
do distúrbio, os sintomas, e,
por meio de exemplos de casos,
oferecem sugestões práticas que ajudam
o leitor a lidar com suas dificuldades
e a procurar ajuda profissional adequada.

Dados Internacionais de Catalogação na Publicação (CIP)
(Câmara Brasileira do Livro, SP, Brasil)

Davies, Dilys
   Insônia : esclarecendo suas dúvidas / Dilys Davies ; tradução ZLF Assessoria Editorial. — São Paulo : Ágora, 2003. — (Guias Ágora).

Título original: Insomnia
ISBN 85-7183-810-0

1. Insônia – Obras de divulgação 2. Sono – Distúrbios I. Título. II. Série.

02-6058   CDD-616.8498
                                                           NLM-WM188

Índice para catálogo sistemático:
1. Insônia : Obras de divulgação : Medicina   616.8498

Compre em lugar de fotocopiar.
Cada real que você dá por um livro recompensa seus autores
e os convida a produzir mais sobre o tema;
incentiva seus editores a encomendar, traduzir e publicar
outras obras sobre o assunto;
e paga aos livreiros por estocar e levar até você livros
para a sua informação e o seu entretenimento.
Cada real que você dá pela fotocópia não autorizada de um livro
financia o crime
e ajuda a matar a produção intelectual em todo o mundo.

Insônia

Esclarecendo suas dúvidas

Dilys Davies

Do original em língua inglesa
INSOMNIA
Copyright © 1999, by Dilys Davies
Publicado na Grã-Bretanha em 2001
por Vega Books, Londres, Reino Unido.
Direitos desta tradução reservados por Summus Editorial

Tradução: **ZLF Assessoria Editorial**
Capa: **Neide Siqueira**
Ilustração da capa: **Lesley Ann Hutchins**
Editoração e fotolitos: **JOIN Bureau**

EDITORA
ÁGORA

Departamento editorial:
Rua Itapicuru, 613 – 7º andar
05006-000 – São Paulo – SP
Fone: (11) 3872-3322
Fax: (11) 3872-7476
http://www.editoraagora.com.br
e-mail: agora@editoraagora.com.br

Atendimento ao consumidor:
Summus Editorial
Fone: (11) 3865-9890

Vendas por atacado:
Fone: (11) 3873-8638
Fax: (11) 3873-7085
e-mail: vendas@summus.com.br

Impresso no Brasil

*Este livro é dedicado a J. Richard Marshall (1945-1995),
meu companheiro coruja, e à minha mãe,
Elisabeth Mary Davies, uma cotovia na vida.*

Agradecimentos

Sou grata ao dr. Philip McLean por sua orientação acadêmica e contribuições. À dra. Rachel Daley e ao dr. Ashwin Patkar, pela ajuda.

Gostaria de agradecer a Martin Doherty, Jane e Gordon Garrick, Fiona McLean, Norma Maple, Andrea McGlashan e Rowena Jackson, pelo apoio constante.

E, ainda, a Rhodri Wilkins e Siân Thomas que facilitaram o processo de escrever este livro.

Agradeço a minha editora Grace Cheetham pelo apoio e paciência e por suas contribuições na elaboração deste livro.

Por fim, um obrigada especial aos muitos pacientes com quem trabalhei e cujas histórias e experiências muito me ensinaram sobre a insônia.

Sumário

	Introdução	9
1	Sono e insônia	13
2	As causas da insônia	37
3	Como superar a insônia	67
4	Realizando mudanças (1): adquirindo um estilo de vida mais equilibrado	99
5	Realizando mudanças (2): relaxamento e meditação . .	115
6	Realizando mudanças (3): aprendendo maneiras mais eficazes de lidar com as emoções	127
7	As terapias naturais e o tratamento da insônia	145
	Conclusão	171
	Leituras complementares	173
	Índice remissivo	175

Introdução

O sono é uma parte normal tão natural em nossas vidas que, quando dormimos bem, nós não o valorizamos e mal pensamos sobre como dormimos e por que isso parece ser uma parte tão essencial da vida.

No entanto, muitas pessoas não conseguem ter uma noite de sono saudável, ininterrupta. A maioria de nós já passou uma noite em claro, mas depois de uma ou duas noites voltamos ao nosso padrão habitual de sono. Mas se a falta de sono persistir, seja nos impedindo de dormir, seja nos fazendo acordar várias vezes durante a noite e ter dificuldade para dormir outra vez, ou nos fazendo acordar cedo pela manhã, nós nos sentiremos cansados e menos capazes física e mentalmente para enfrentar os acontecimentos do dia. Logo nos sentiremos fisicamente exaustos e emocionalmente esgotados. É a isso que chamamos de insônia, e é um dos problemas de saúde mais comuns, que afeta mais de um terço da população.

Atualmente, no entanto, as pessoas que sofrem de insônia podem fazer muitas coisas para ajudar a si mesmas. Este livro descreve os diferentes tipos de insônia e suas possíveis causas, e ensina o insone a avaliar o seu padrão de sono, a explorar a natureza dos seus problemas de sono e a começar a fazer mudanças para conseguir dormir melhor.

Muitas causas podem contribuir para uma noite mal dormida. Vários problemas do sono ocorrem porque as pessoas fundamentam suas idéias sobre o sono em mitos e medicamentos que, na verdade, só pioram a situação. Por exemplo, a idéia de que oito horas de sono por noite é essencial para o nosso bem-estar é um mito. Cada pessoa possui um padrão diferente de sono – algumas precisam de apenas três horas de sono enquanto outras, de dez ou mais. A quantidade de sono de que precisamos varia durante a nossa vida e também depende do tipo de atividades que praticamos e como as realizamos durante o dia. O importante é você descobrir a quantidade certa de sono que lhe é necessária.

Para a maioria das pessoas, as dificuldades de sono em geral surgem porque não se desenvolve um padrão regular de sono ou porque este foi rompido de alguma maneira. Isso pode ocorrer por várias razões, como em uma crise, quando é comum se reagir perdendo o sono. Se a falta de sono continuar por muito tempo após o acontecimento perturbador, o corpo se acostuma com essa nova tendência e fica difícil corrigi-la. Assim, o problema do sono torna-se um hábito que para ser modificado exigirá muito da pessoa. Este livro descreve técnicas e estratégias que podem ajudá-lo a identificar e a corrigir maus hábitos de sono.

Seja qual for a causa da insônia, a falta de sono é muitas vezes um sintoma de algum tipo de problema na vida diurna. É um sinal de que alguma coisa em sua vida está em desequilíbrio. Os problemas podem ser emocionais, físicos ou do meio ambiente, ou uma combinação dos três. Eles podem ser causados por estresse no trabalho ou falta de trabalho, ou porque você está insatisfeito, infeliz ou deprimido por alguma razão. O sono ruim pode ficar ainda pior em conseqüência, por exemplo, de maus hábitos alimentares. Esses são problemas diurnos que precisam ser revistos durante o dia.

Introdução

Este livro mostra como podemos aprender a nos conhecer melhor e a identificar quais são os nossos padrões, a maneira como eles se formaram e que tipo de sentimentos, pensamentos e atitudes os mantêm. Depois de saber o que eles são e entendê-los, você pode planejar a mudança de padrões antigos que não estão mais funcionando e explorar alternativas novas. Ao ajudá-lo a examinar como são seus hábitos e atividades diurnos e a equilibrar o seu estilo de vida, este livro vai começar a ajudá-lo a dormir melhor à noite.

Muitas pessoas sentem-se tão desesperadas por não dormir o suficiente que recorrem ao uso de grandes quantidades de álcool, tranqüilizantes e pílulas para dormir, para conseguir pelos menos um pouco de descanso. Embora o uso ocasional da pílula para dormir, receitada por seu médico, não prejudique e possa ajudar a restaurar um melhor padrão de sono, atualmente os médicos estão menos inclinados a receitá-las porque, tanto quanto seus pacientes, eles estão preocupados com os efeitos colaterais. A sua utilização constante torna-se ineficaz depois de algumas semanas e, a longo prazo, pode levar à dependência física e/ou psicológica. Neste livro você também encontrará alternativas mais seguras à pílula para dormir, como as terapias naturais, incluindo a homeopatia e a utilização de ervas, que muitas pessoas consideram úteis para restaurar o sono natural.

Assim que decidir atacar a insônia e trabalhar em um plano de ação, você não estará apenas a caminho de melhorar o seu padrão de sono, mas também de tomar atitudes para ter uma vida diurna mais satisfatória e um futuro melhor.

CAPÍTULO 1

Sono e insônia

O QUE É O SONO?

Há várias crenças sobre o que constitui o sono "normal", "natural" e "bom". No entanto, todas essas crenças foram influenciadas pela cultura e pela história e não por fatos biológicos cientificamente fundamentados. Na verdade, muito do folclore sobre o sono está baseado na experiência de pessoas cujos padrões de dormir–despertar foram determinados pelo ritmo diário de luz e escuridão. Até o começo do século XX, o padrão de sono das pessoas dependia da quantidade de luz que havia durante o dia. Como não havia eletricidade, a maioria das pessoas ia para a cama quando escurecia e acordava logo antes do amanhecer. Isso deu origem a um padrão de sono de mais ou menos oito a doze horas por noite.

No período pré-industrial, quando os padrões de vida tendiam a seguir as estações do ano, o tempo de sono da maioria das pessoas variava à medida que os dias ficavam mais longos ou mais curtos, conforme as estações. Os escuros meses de inverno com longas noites eram passados principalmente dentro de casa – um padrão que não era muito diferente dos hábitos de hibernação de muitos mamíferos. Esse ritmo natural de vida foi modificado durante a segunda metade do século XIX, pela Revolução Industrial. Toda a estrutura das sociedades recém-industrializadas baseava-se em uma nova ética de tempo de trabalho: o próprio tempo tinha de ser organizado para atender às demandas da indústria. Com a introdução da tecnologia, o ritmo da natureza foi substituído pelo ritmo das máquinas.

Houve duas grandes implicações a partir daí. Primeiro, o tempo passou a ser controlado pelo ligar e desligar das máquinas. Segundo, o trabalho era avaliado em função do tempo gasto trabalhando, e assim o tempo igualou-se ao dinheiro. As pessoas, então, deviam trabalhar as horas determinadas pela máquina e por seus proprietários, em vez de seguir a maneira tradicional de observar, esperar e se adaptar às necessidades da natureza. Todo o ritmo de vida mudou, incluindo o ritmo em que as pessoas trabalhavam, os seus períodos de descanso, quanto tempo tinham para si mesmas, e quanto tempo e quando poderiam dormir. Quando a luz elétrica surgiu no começo do século XX, até as horas de escuridão passaram a ser usadas para as necessidades da produção. Assim, o tempo normal de trabalho passou a atender às demandas da industrialização.

Como resultado, nossos padrões e idéias atuais sobre o sono são muito recentes em termos evolucionários e muito artificiais comparados com os de outras criaturas vivas. Devemos, portanto, ter cuidado quando falamos das "verdades" sobre normal e como entendemos os seus problemas. É muito fácil esquecer a influência que a tecnologia teve na organização do estilo de vida moderno. O que descrevemos como "normal" ou "natural" pode não ser normal nem natural, mas apenas um reflexo da maneira como atualmente organizamos nossa vida.

POR QUE PRECISAMOS DORMIR?

O sono ocupa cerca de um terço de nossa vida. É parte de nosso ritmo natural diário, e nossa própria experiência mostra que o sono nos dá um descanso essencial, sem o qual nos sentimos cansados e irritados e não atuamos tão bem como gostaríamos no dia seguinte. No entanto, ainda há muita coisa que não sabemos sobre como e por que dormimos. Pesquisas feitas em universidades e laboratórios do sono mostram que precisamos de menos sono do que pensamos precisar e que dormir menos não nos prejudica. As duas principais funções do sono são o descanso e o crescimento.

Descanso

Quando dormimos, partes do cérebro e do corpo que são usadas para atividades complexas durante o dia estão em repouso. Durante o sono, o coração e os pulmões descansam, a freqüência cardíaca diminui e a respiração se torna mais lenta e profunda. A pressão sanguínea, a freqüência de pulso e a temperatura do corpo abaixam, os músculos relaxam e o ritmo metabólico do corpo fica reduzido. De acordo com o professor Jim Horne, o sono é necessário principalmente para descansar o cérebro.

Crescimento

Durante o sono são realizadas muitas atividades diferentes das do padrão diurno. Muitos hormônios importantes são liberados, como os relacionados ao crescimento e à recuperação. As células do corpo crescem e são reparadas durante a noite. No entanto, alguns pesquisadores, como o professor Jim Horne, sugerem que para que isso aconteça períodos de relaxamento ou de "vigília relaxada" podem ser tão eficazes quanto o sono.

DIFERENÇAS NOS CICLOS DE SONO DAS PESSOAS

O relógio biológico: ritmos circadianos

Como vimos, nossos ritmos de dormir-despertar estão naturalmente ligados ao ciclo do nascer e pôr-do-sol. A forma como nosso corpo trabalha é determinada por um relógio biológico interno conhecido como "ritmo circadiano" (do latim, *circa diem*, que significa "em torno de um dia"). Ele regula, por exemplo, os períodos em que diversos órgãos tornam-se mais ou menos ativos e quando a produção de vários hormônios aumenta e diminui. A duração do dia circadiano normalmente é de 24 a 25 horas. No entanto, há diferenças entre os ciclos de sono das pessoas.

Pesquisadores que estudaram nossos ritmos internos colocaram algumas pessoas em situações isoladas, longe da luz natural e de todas as outras pistas externas relacionadas à passagem do tempo. Suas descobertas mostram que embora a maioria geralmente tenha um "dia" regular de cerca de 25 horas, algumas têm um período de "dia" natural mais longo e adotam um ciclo de 26 ou 27 horas. Assim, essas pessoas têm dificuldade para manter um ciclo regular de 24 horas, pois seus relógios internos são menos influenciados pelo dia mundial de 24 horas.

O ritmo circadiano está organizado para induzir o sono duas vezes por dia, principalmente à noite, mas também no começo da tarde, e é por isso que muitos se sentem sonolentos depois do almoço. A sesta, tradicional em muitos países quentes, está desaparecendo à medida que os negócios adquirem uma natureza global e se amplia o uso do ar-condicionado. No entanto, ela pode ser muito mais natural do que os nossos padrões globalizados.

O ritmo circadiano também varia com a idade. Os bebês dormem regularmente durante o dia, inicialmente com cerca de intervalos de três horas, diminuindo depois para um sono pela manhã e um à tarde. Por volta de dois anos e meio, eles só dormem à tarde. Em geral, nos mais idosos, a necessidade do sono à tarde volta.

Corujas e cotovias

Geralmente, tendemos a cair em duas categorias principais. Algumas pessoas sentem-se melhor pela manhã e se consideram "diurnas" e outras funcionam melhor à noite e se julgam "noturnas". Em outras palavras, somos o que o professor Jim Horne chama de corujas ou cotovias. As cotovias são pessoas que estão naturalmente no seu auge pela manhã. As corujas ficam mais alertas e produtivas mais tarde, durante o dia ou à noite. Numericamente, há mais cotovias do que corujas.

As cotovias tendem a acordar cedo e estão completamente despertas em meia hora, já preparadas para os eventos do dia. Durante o dia, o seu nível de vigília cai de tempos em tempos e o primeiro desses momentos ocorre por volta de 10h30 da manhã, quando o açúcar no sangue diminui, e é nessa hora do dia que os acidentes de trabalho ou de carro são mais comuns. A resposta da sociedade a isso é o intervalo para o café. Outro período de queda acontece depois do almoço e talvez no final do dia, quando algumas cotovias gostam de tirar uma soneca. Elas ficam cada vez menos alertas durante as últimas horas do dia até o momento de ir para cama, quando já estão sonolentas e logo caem em sono protundo.

As corujas ou pessoas noturnas têm um padrão diferente. Lutam para acordar e se esforçam na primeira hora e meia do dia. À medida que o dia avança, as corujas tornam-se cada vez mais alertas, de maneira oscilante até o começo da noite, quando atingem o auge. A partir das 11h30 da noite, quando o resto do mundo vai para a cama, a coruja solitária fica acordada e sozinha. Ao contrário das cotovias, a coruja típica tem dificuldades para ir dormir e tende a ter um sono leve mais longo do que as outras pessoas, antes de cair no sono profundo. Algumas corujas podem ainda estar em um sono relativamente profundo quando chegar a hora de acordar de manhã e começar o dia. Há algumas evidências de que as corujas se adaptam melhor ao horário inverso de dormir–despertar necessário em trabalhos no período noturno. Talvez, um dia, as corujas exijam um acordo melhor, mas no momento elas devem continuar se esforçando bravamente para adaptar-se a uma sociedade que está organizada para adequar-se à maioria das pessoas – as cotovias.

FASES DO SONO

As pesquisas sobre o sono demonstram que existem quatro fases de sono. Cada fase desliza para a seguinte e o ciclo todo dura cerca de 90 minutos. Cada fase tem um diferente padrão de atividade cerebral que pode ser monitorado por registros de EEG (eletroencefalograma) em laboratórios de sono. (Nos estados de vigília nosso cérebro geralmente emite ondas beta rápidas na freqüência de cerca de 15 ciclos por segundo.)

Fase 1 do sono

A primeira fase é a mais leve e é a passagem da vigília para a sonolência. É semelhante a quando relaxamos ou descansamos. Qualquer barulho pode facilmente nos deixar o mais despertos possível nesse estágio. Quando entramos nessa fase os músculos relaxam, a pressão sanguínea diminui, a freqüência cardíaca e a digestão ficam mais lentas. O cérebro começa a produzir hormônios, como a serotonina e a melatonina, que estão associados ao sono e à sonolência, embora ainda não esteja claro se eles realmente provocam o sono. Durante essa fase há um aumento das ondas alfa, as ondas do cérebro de 7-14 ciclos por segundo, típicas do estado de vigília relaxada. Essas ondas alfa também acontecem quando a pessoa está meditando ou sob efeito de hipnose. Essa fase dura entre um e dez minutos no sono normal, embora voltemos a ela em intervalos durante a noite. Em geral, ela corresponde a 5% de nosso sono.

Fase 2 do sono

Essa segunda fase começa logo depois que a pessoa adormece. Geralmente, os barulhos não nos perturbarão nem despertarão, embora aqueles que consideramos importantes – como escutar uma criança chorar ou alguém chamando nosso nome – possam nos despertar. Nessa fase há uma mistura de ondas cerebrais mais profundas e lentas, típicas da sonolência e sono leve, chamadas ondas cerebrais teta (3,5-7,5 ciclos por segundo), e ondas delta lentas (abaixo de 3,5 ciclos por segundo), durante as quais estamos, na verdade, inconscientes. Essa fase corresponde a cerca de 45% de nosso sono e junta-se à fase 3.

Fase 3 do sono

Durante essa fase, a caminho do sono mais profundo, a freqüência cardíaca diminui, a temperatura cai e respiramos mais lentamente. Essa fase corresponde a apenas 7% de nosso sono. À medida que a atividade das ondas delta aumenta, somos levados rapidamente à fase 4.

Fase 4 do sono

Esse é o sono mais profundo, quando as ondas cerebrais delta predominam. Temos dificuldade para despertar durante essa fase que corresponde a cerca de 13% de nosso sono. Permanecemos na fase 4 por períodos bastante longos antes de voltar ao estágio 3, 2 e 1, até quase acordarmos. Nesse ponto entramos realmente em outro tipo de sono, chamado de sono REM.

O sono REM

REM ou *Rapid Eye Moviment* (Movimento Rápido dos Olhos), assim chamado porque, durante essa fase, os movimentos rápidos dos olhos podem ser vistos sob as pálpebras. É também chamado "sono paradoxal" porque, embora o cérebro esteja ativo, o corpo sente uma espécie de paralisia e não pode se mover voluntariamente. É durante essa fase que sonhamos, quer nos lembremos disso ou não, embora tenha sido recentemente descoberto que também sonhamos durante os estágios mais profundos do sono. O sono REM ocorre durante a fase 1 e dura cerca de dez minutos, apesar de aumentar mais tarde durante a noite. Então, deslizamos outra vez para o próximo ciclo de 90 minutos.

Dessa vez ficamos na fase 4 por menos tempo, depois voltamos outra vez para um período mais longo de até 20 minutos de sono REM. Durante os restantes dois ou três ciclos de 90 minutos, dormimos menos profundamente e o sono REM aumenta.

DE QUE TIPO DE SONO NECESSITAMOS?

Até algum tempo atrás, o sono REM era considerado essencial para o descanso do cérebro e que sem ele nossa saúde mental sofreria. Atualmente, essa convicção parece já não ser a mesma, embora pesquisas desenvolvidas em laboratórios do sono mostrem que, ao ficarem totalmente privadas do sono REM por mais de três dias, as pessoas começam a ter sonhos e alucinações quando despertas.

Alguns pesquisadores, como o professor Jim Horne, sugerem que possivelmente a importância do sono REM tenha recebido demasiada atenção. Ele também afirma que a parte realmente essencial do sono são as fases 3 e 4, às quais chama de Sono de Ondas Lentas (SWS – Slow Waves Sleep). Segundo Horne, durante essas fases o cérebro está "fora de circulação", pois é o único período em que ele está totalmente em descanso. O SWS ocorre principalmente durante os primeiros três ciclos de sono – isto é, durante a primeira metade de uma noite de sono. Pesquisas mostram que quando as pessoas são privadas de sono – por exemplo, ficando acordadas durante toda a noite – elas não precisam recuperar todo o sono que perderam. Quando elas dormem depois de terem perdido uma noite de sono, recuperam todo o primeiro sono profundo e uma parte do sono REM, o que indica que esse é o sono realmente essencial para nós.

Jim Horne conclui que desde que tenhamos nossa provisão do que ele chama de "sono principal", que consiste de SWS e um pouco de sono REM, o cérebro se recupera do desgaste da vida desperta. O restante, que ele chama de "sono opcional", pode não ser realmente necessário, mas preenche as horas depois do sono principal essencial.

As pessoas que naturalmente precisam de menos sono do que a média seguem o mesmo padrão das pessoas normais, durante as primeiras horas de sono. Elas simplesmente reduzem as horas posteriores do sono não essencial e continuam tendo o SWS essencial.

DE QUANTO SONO REALMENTE NECESSITAMOS?

Por pior que seja o seu padrão de sono, as pessoas em geral dormem mais do que pensam, embora muitas vezes seja difícil convencê-las disso. Algumas pessoas tentam viver segundo o mito de que dormir oito horas é essencial para o seu bem-estar, embora pessoalmente possam precisar de apenas cinco horas de sono por noite. Assim, elas acordam convencidas que não dormiram o suficiente e podem ficar na cama pela manhã sentindo-se inquietas e angustiadas enquanto tentam recuperar o sono de que, na verdade, não precisam. Ficar na cama desse modo piora o problema. De maneira semelhante, as pessoas podem tentar ir para a cama cedo demais, convencidas de que, se não tiverem o que acreditam ser a sua cota completa de sono, se sentirão péssimas no dia seguinte. No entanto, tudo que conseguem é estabelecer um padrão de preocupação e desconforto que as impede de dormir por mais que se esforcem para conseguir o sono que, de fato, lhes é desnecessário.

Pesquisadores sugerem que um sono de cerca de seis horas é adequado para a nossa saúde mental. Como foi discutido antes neste capítulo, todo sono depois disso entra na categoria de sono "opcional". O cérebro precisa é do "sono principal", que predomina durante o primeiro ciclo de sono. Ainda que você só durma algumas horas, estará ganhando um período desse sono profundo importante com um pouco de sono REM. Pesquisas sobre o sono, usando os registros EEG, mostram que algumas pessoas que sentem que só dormiram uma ou duas horas, na verdade, dormiram sete horas. Pesquisas sobre o sono também mostram que pessoas que normalmente dormem sete ou oito horas, com o tempo, podem-se adaptar a apenas duas ou três horas de sono por noite, sem prejudicar sua capacidade física ou mental. O conhecimento desses fatos deveria tranqüilizar muitos insones.

Variações em nossas necessidades de sono

É importante lembrar que a necessidade de sono dos indivíduos varia muito no decorrer de sua vida. Por exemplo, alguns bebês precisam naturalmente de poucas horas de sono, enquanto algumas pessoas idosas ainda necessitam de uma noite completa de sono, sobretudo se continuam ativas e não tiram uma soneca durante o dia.

De bebês a adolescentes

A maioria dos bebês dorme cerca de 16 a 18 horas por dia e os que começam a andar ainda precisam dormir muito mais do que os adultos. As crianças têm necessidade de dormir mais na fase de crescimento devido à regeneração das células durante o sono. Na adolescência, alguns jovens dormirão até 15 horas por noite. Isso nem sempre se deve à preguiça. No entanto, dormir demais também pode ser um sintoma de depressão passível de afetar os adolescentes e, muitas vezes, passar despercebida. Nossos padrões de sono tendem a estabilizar-se no padrão de adulto por volta dos 16 anos de idade.

Adultos

Pesquisas mostram que a média de adultos jovens dorme cerca de 7,5 horas por noite. Mas alguns estudos revelam uma média mais próxima de 6,5 horas por noite; em geral, indicam que 65% de adultos jovens dormem entre 6,5 e 8,5 horas e 95% entre 5,5 e 9,5 horas. No entanto, é importante lembrar que esses números são apenas médias e que a quantidade de sono necessária varia muito. A "média" de 7,5 horas se aplica a adultos entre os 16 e os 50 anos de idade.

Mulheres

O excesso de sonolência nos primeiros três meses de gravidez é normal. As mulheres grávidas também tendem a dormir cerca de duas horas a mais do que o normal por noite. Em algumas mulheres, a menopausa rompe temporariamente os padrões de sono.

Pessoas idosas

À medida que envelhecemos, o sono noturno torna-se mais leve, mais interrompido e com menos sonhos. Além disso, muitas pessoas idosas dormem durante o dia e, portanto, precisam de menos sono à noite. Incluindo as sonecas, a média de sono para as pessoas com 70 anos é de cerca de seis horas a cada 24 horas. É importante compreender isso, pois muitos idosos procuram ajuda para sua "dificuldade em dormir" quando, na verdade, eles estão dormindo de modo bastante normal para sua idade.

Como você sabe que dormiu o suficiente?

É fácil responder a essa pergunta. Desconsidere a primeira meia hora depois de acordar, enquanto seu metabolismo chega ao nível da vigília plena. Então, se você se sentir revigorado, isso significa que dormiu o suficiente. As pesquisas mostram que a "perda de uma noite de sono" ocasional não faz mal e não precisa ser compensada. As pessoas podem ficar despertas por até mais de 65 horas sem efeitos perceptíveis em seu desempenho no dia seguinte.

MITOS SOBRE O SONO

Podemos agora começar a perceber quantos mitos existem sobre o que constitui o sono "normal" ou "natural". Os dois mais populares são os seguintes.

O mito das "oito horas de sono"

É difícil determinar exatamente a quantidade de sono de que precisamos individualmente. Algumas pessoas precisam de apenas três a quatro horas, enquanto outras, de até nove horas ou mais por noite. A verdadeira necessidade da pessoa não deve ser interpretada como preguiça. A maioria dos adultos dorme cerca de seis a oito horas, enquanto outros "se drogam" com o excesso de sono.

"Dormir como uma pedra"

Como vimos, a profundidade do sono varia de acordo com as suas fases. Há períodos de sono muito profundo chamado de "sono ortodoxo", em que o corpo está muito calmo e parado, seguido por períodos de sono "paradoxal", que são os períodos de alta atividade de sonhos.

SONO E SONHO

O sono REM, que está associado ao sonho, começa cerca de 45 minutos depois que adormecemos e aumenta à medida que a noite passa. A maioria dos sonhos ocorre na última parte da noite, durante o que, às vezes, é chamado de sono "opcional". Em uma única noite, a fase normal de sonhos ocorre mais ou menos a cada 90 minutos, portanto a maioria das pessoas passa, a cada noite, cerca de uma hora e meia em sono REM, algumas vezes mais.

A quantidade de sonhos diminui com a idade. Os bebês recém-nascidos passam uma enorme parte do tempo em sono REM, mas não podemos ter certeza se estão realmente sonhando.

Por que sonhamos?

Existem muitas teorias diferentes sobre os motivos por que sonhamos e a importância que pode ser atribuída aos sonhos. Os psicanalistas, como Freud e Jung, acreditavam que os sonhos são um caminho para o inconsciente e podem nos mostrar nossos sentimentos e desejos ocultos. Em geral, os psicólogos não concordam com esse ponto de vista. Algumas pesquisas sugerem que sonhamos para reorganizar as informações armazenadas e para consolidar as lembranças e a aprendizagem. Outros pesquisadores consideram os sonhos como o resultado da atividade do cérebro descartando informações, como a tecla "delete" de um computador, e que, portanto, lembrar dos sonhos pode não ser bom para nós. Outros pesquisadores, ainda, sugerem que os sonhos podem ser um tipo de cinema da mente, ou uma maneira de entreter o cérebro durante as fases mais leves do sono.

O que parece mais provável é que todas essas teorias contêm um elemento de verdade. Alguns sonhos são apenas descarte de lixo, outros são o resultado de indigestão, enquanto outros nos tornam mais conscientes de problemas não resolvidos ou indicam soluções para eles. Muitas pessoas certamente têm sonhos que são emocionalmente benéficos ou agem como uma fonte de criatividade. Tanto idéias poéticas quanto científicas já foram inspiradas por sonhos e muitas pessoas não têm dúvida sobre o valor profético de alguns deles.

Se você estiver interessado no conteúdo do sonho, pode ser útil manter um diário para isso. Como podemos esquecer os sonhos muito rapidamente, deixe lápis e papel perto da cama e tente transcrevê-los assim que acordar. Com a prática, você provavelmente descobrirá que tende a lembrar mais de seus sonhos. Eles podem simbolizar coisas significativas para você. Se não tiver certeza sobre o que um sonho parece transmitir, tente escrevê-lo primeiro antes de procurar o significado-padrão de símbolos do sonho, pois às vezes seu sentido se torna mais claro no processo da escrita. À medida que você anotar seus sonhos toda noite, pode começar a perceber que alguns temas ajudam a esclarecer algum problema ou melhoram a compreensão sobre si mesmo.

No que se refere à insônia, sonhos e pesadelos são importantes quando fazem parte do problema – por exemplo, se eles regularmente o acordam durante a noite, ou quando você acorda sentindo medo. Se você tem sonhos recorrentes desagradáveis, sua mente pode estar tentando chamar sua atenção para alguma coisa que precisa ser considerada, talvez um acontecimento do passado que você não conseguiu resolver ou um problema atual, como um relacionamento difícil. Nesses casos, algum tipo de aconselhamento ou psicoterapia pode ser útil.

O QUE É INSÔNIA

A insônia é uma das queixas de saúde mais comuns, e um terço da população sofre de alguma forma de insônia em algum momento de sua vida. É definida como uma dificuldade de iniciar e/ou manter o sono durante um período de pelo menos três semanas. A maioria das pessoas, ocasionalmente, passa uma noite em claro. Geralmente, podemos agüentar isso e depois de uma ou duas noites nosso padrão habitual de sono retorna. No entanto, se nossa dificuldade em dormir continuar, então nos sentiremos menos capazes de lidar física e mentalmente com nossa vida diurna.

A insônia crônica pode durar anos, enquanto a insônia intermitente pode ser provocada por determinadas ansiedades ou crises. Por exemplo, uma reação comum e natural a uma crise é a perda de sono. Embora para a maioria das pessoas o sono normal retorne depois de cessada a crise, para outras, as noites em claro podem continuar por muito tempo. Então, essas pessoas acabam desenvolvendo maus hábitos de sono que, como qualquer outro hábito, depois de estabelecidos são difíceis de romper.

A insônia também pode ser um sinal de que alguma coisa em nossa vida está fora de equilíbrio. Pode ser algo emocional, ambiental ou físico. Pode ter a ver com o trabalho ou o lar, ou mesmo com uma tristeza generalizada.

Insônia condicionada

Algumas vezes, a insônia pode se transformar em hábito devido ao que os psicólogos chamam de "condicionamento". Nesses casos, ela com freqüência começa com uma crise ou perturbação emocional imediata ou de curto prazo. Durante esses períodos de perturbação, as pessoas geralmente não dormem e deitar na cama acaba sendo associado à infelicidade e à falta de sono. Essa associação é o que chamamos de "condicionamento". A pessoa cuja insônia está condicionada dessa maneira muitas vezes dorme muito bem quando está longe do quarto que normalmente usa.

Às vezes, a insônia condicionada começa na infância. Por exemplo, uma pessoa que era mandada para a cama quando criança por estar fazendo travessuras pode associar a cama e a hora de dormir com raiva e castigo. Algumas crianças são mandadas para a cama bem antes de realmente estarem com sono. Elas ficam deitadas sentindo-se entediadas e desenvolvem um hábito de vigília que continua até a idade adulta. Outras podem ter aprendido de pais excessivamente ansiosos que sem oitos horas de sono elas teriam problemas de saúde. Como conseqüência, mais tarde, elas podem sofrer de ansiedade a menos que consigam as "oito horas". Essa ansiedade, por sua vez, pode mantê-las acordadas à noite.

Tipos básicos de insônia

Existem três tipos básicos de insônia. São eles:

1. Dificuldade para pegar no sono

Esse é o tipo de insônia que nos faz rolar na cama durante o que parecem horas antes de conseguirmos pegar no sono à noite.

2. Sono intermitente

É quando despertamos várias vezes durante a noite e sentimos que nunca conseguimos ter uma boa noite de sono.

3. Acordar de madrugada

O terceiro tipo de insônia é aquele em que despertamos muito cedo pela manhã e não conseguimos voltar a dormir, apesar de tentar.

É importante lembrar que a divisão da insônia em tipos não é absoluta e qualquer pessoa pode sofrer uma mistura dos três tipos. Tradicionalmente, os diferentes tipos de insônia estão relacionados a diferentes estados da mente. Tem sido sugerido que não ser capaz de pegar no sono à noite é um sintoma de ansiedade, enquanto acordar cedo é um sinal de depressão. No entanto, clinicamente, o quadro é quase sempre bem mais complexo. Enquanto algumas pessoas deprimidas não conseguem pegar no sono, outras, ansiosas, dormem normalmente, mas acordam cedo. Quando estão ansiosas e deprimidas, algumas pessoas dormem mais do que o usual, pois essa pode ser a sua forma para fugir dos problemas.

Como as necessidades de sono das pessoas variam muito, a insônia não pode ser medida pelo número de horas que você dorme. Pesquisas indicam que alguns insones realmente dormem mais do que a média ou do que pessoas que afirmam não ter dificuldade para dormir. No entanto, se você precisa de dez horas de sono e só dorme oito, não se sentirá descansado como alguém que talvez precise apenas de sete horas.

A insônia é um estado subjetivo e como tal você é o melhor juiz para dizer se é ou não um insone. O principal critério para a insônia é saber se, além de ficar acordado durante a noite, você também sente que o cansaço está afetando o seu humor e o seu desempenho no dia seguinte. Por exemplo, se você se sentir sonolento, cansado ou irritável durante o dia e a falta de sono estiver afetando sua memória, concentração e capacidade de trabalho, você provavelmente está sofrendo de insônia. Mesmo que não durma muitas horas por noite, se você se sentir bem e não estiver cansado no dia seguinte, não está sofrendo de insônia. No entanto, preocupar-se sem necessidade porque dormiu pouco à noite pode ser tão estressante quanto não dormir e, por si só, é possível que o faça dormir mal.

Se você acha que é insone, deve lembrar de três coisas importantes:

1. Você pode estar dormindo mais do que pensa.
2. Enquanto conseguir dormir um pouco e relaxar o corpo, você não terá nenhum prejuízo a longo prazo.
3. Sua atitude em relação ao sono tem muito a ver com a qualidade do sono que você consegue.

PROBLEMAS DE SAÚDE ASSOCIADOS A DISTÚRBIOS DO SONO

A insônia está quase sempre relacionada a fatores psicológicos, como estresse emocional, atitudes e expectativas quanto ao sono, hábitos ruins de sono ou até mesmo a causas físicas e ambientais. No entanto, há alguns problemas de saúde específicos que estão associados a distúrbios do sono. Se você está sofrendo de sonolência excessiva durante o dia pode ser aconselhável procurar orientação médica antes de achar que está sofrendo de insônia. Os problemas de saúde comumente associados a problemas de sono incluem:

Síndrome das pernas agitadas

Essa é uma síndrome muito irritante e incômoda, consistindo de desconforto em uma ou ambas as pernas e a necessidade de movê-las, mantendo-o acordado mesmo quando o resto de seu corpo quer dormir. Sua causa real não é totalmente conhecida, mas já foi sugerida uma relação com problemas de circulação e/ou falta de cálcio ou outros nutrientes, inclusive vitamina E. Nas mulheres, pode estar relacionada a níveis hormonais. Em geral, ela piora quando a pessoa está estressada. Uma estratégia é melhorar a circulação nas pernas lavando os pés com água quente e fria, alternadamente. Outra recomendação é que pode ser útil a ingestão de cálcio na hora de dormir.

Apnéia do sono

Este problema, que está cada vez mais sendo diagnosticado como uma doença, é mais freqüentemente identificado nos Estados Unidos, possivelmente porque os médicos estão mais atentos a ele. As pessoas com esse problema podem ter menos consciência dele do que seus companheiros, já que o sinal mais óbvio é o ronco alto e irregular. A apnéia do sono ocorre em pessoas que têm uma obstrução no fundo da garganta. Quando a garganta relaxa com o sono, a respiração é cortada e o nível de oxigênio no sangue diminui. Em geral, as pessoas não acordam completamente, ficando num estado semidesperto para poder respirar outra vez, normalmente resfolegando alto e debatendo-se. Em casos graves, isso pode acontecer durante a noite toda. Como conseqüência, elas nunca chegam aos estágios mais profundos do sono e sentem-se cansadas durante o dia. Podem sofrer de perda de concentração e memória e correm o risco de cochilar durante o dia – por exemplo, em reuniões ou dirigindo. A apnéia pode também exigir muito do coração. O perigo é que esses sintomas muitas vezes são ignorados e considerados apenas um sinal de velhice

A apnéia do sono é mais comumente encontrada em homens acima do peso e que também abusam de bebidas alcoólicas. Estar acima do peso piora a situação, pois estreita ainda mais a garganta. O álcool, principalmente à noite, relaxa os músculos da garganta, assim como as pílulas para dormir. Se seu parceiro tem um padrão de ronco bem definido, parando de roncar regularmente por 20 a 30 segundos e despertando com um resfolego antes de começar a roncar outra vez, e se também se queixa de cansaço durante o dia, com certeza precisa de orientação médica. Os primeiros passos para lidar com o problema é perder peso e não ingerir bebida alcoólica, sobretudo à noite. O tratamento pode incluir a utilização de máscara ligada a uma bomba que sopra o ar na garganta. Às vezes, a cirurgia é aconselhada.

Pseudo-insônia

Apesar do nome, este problema não significa fingimento. Por exemplo, as pessoas com pseudo-insônia muitas vezes adormecem 20 minutos depois de ir para a cama e dormem pelo menos seis horas. No entanto, sentem-se como se não tivessem dormido. Parece que a qualidade de seu sono não é profunda o suficiente para que se sintam revigoradas ao acordar pela manhã. A maioria das pessoas muda de posição de 30 a 40 vezes durante o sono, e acordam 4 ou 5 vezes por noite, mas tão rapidamente que não se lembram disso. As pessoas com o sono mais leve e que têm consciência desses momentos de vigília podem achar que se viraram na cama a noite inteira. Quando as ondas cerebrais desses pseudo-insones são monitoradas em laboratórios de sono, alguns deles parecem estar pensando enquanto dormem. Outros parecem passar a noite sonhando que estão acordados. Uma explicação para isso é que as funções do seu corpo permanecem ativas depois de terem adormecido, dando-lhes a sensação de estarem acordados.

Dor

A dor é a causa mais comum do sono insatisfatório. Geralmente, ela parece piorar à noite e a dor crônica é muito debilitante e deprimente. Se você sabe a causa de sua dor física e lhe disseram que nada pode ser feito, talvez seja bom pensar em procurar uma clínica em busca de alívio ou um fisioterapeuta. As terapias naturais muitas vezes podem diminuir os sintomas, ainda que não sejam capazes de curar a causa da dor.

Além dessas questões de saúde, os problemas do sono também podem ser atribuídos a:

Relógio do corpo com defeito

O relógio biológico interno de algumas pessoas não acompanha o ritmo do resto do mundo. Isso pode ser detectado por monitoramento em laboratórios de sono. Depois que as pessoas entendem qual é o problema, podem às vezes adaptar seu estilo de vida para adequá-lo a seu padrão natural. Contudo, em geral nosso estilo de vida tem de se adaptar ao padrão de horário de trabalho da sociedade. Algumas pessoas têm uma incapacidade crônica para dormir antes das quatro ou cinco horas da madrugada, mas depois dormem bem. No entanto, se precisam acordar na manhã seguinte, para trabalhar, por exemplo, sempre terão dormido pouco. Elas geralmente não reagem bem às pílulas para dormir e não parecem estar sofrendo de nenhum tipo de estresse. Aparentemente há uma diferença no mecanismo que regula o ciclo de sono dia–noite que é o gatilho do momento em que a pessoa se sente pronta para dormir.

Trabalho noturno e fadiga

Freqüentemente, isso causa uma perturbação no relógio biológico. A maioria das pessoas que precisam dormir de manhã até a tarde leva de uma semana a dez dias para adaptar-se ao novo padrão. O mesmo se aplica a qualquer mudança no ciclo de dormir–despertar, como o cansaço provocado por diferenças de fuso horário em viagens internacionais.

Não é apenas o sono da pessoa que tem de se adaptar, mas todo o ritmo circadiano que envolve o momento de liberação de hormônios e outras funções corporais. Os problemas surgem quando as horas de trabalho são constantemente mudadas ou quando a pessoa que trabalha por turnos tenta voltar ao padrão normal no dia de folga ou no final de semana. Se você tem de trabalhar à noite, lembre-se que o seu relógio biológico precisará de pelo menos uma semana para adaptar-se ao novo horário.

No capítulo seguinte, analisaremos as causas da insônia. Quando você entender as razões da sua insônia, poderá fazer muitas coisas para melhorar seu sono. Assim que decidir adotar um plano de ação para atacar a insônia, não só irá melhorar o seu padrão de sono, mas estará também a caminho de estruturar uma vida diurna mais satisfatória e gratificante. Enquanto estiver lendo, vá anotando o que se aplica a você e as medidas que pode adotar para recuperar o controle de sua vida.

CAPÍTULO 2

As causas da insônia

Há muitos fatores que podem causar a insônia e examinaremos alguns deles detalhadamente neste capítulo. Primeiro, no entanto, aqueles que contribuem para os três tipos básicos de insônia e que podem ser assim resumidos:

1. Demorar muito para pegar no sono

Os fatores que podem contribuir para isso incluem:
- Hábito.
- Estresse. Pode ser no trabalho ou em casa. O estresse emocional inclui ansiedade, depressão, infelicidade, raiva, culpa.
- Problemas não resolvidos.
- Determinados problemas de saúde, problemas neurológicos e distúrbios psiquiátricos.
- Problemas digestivos e fatores ligados à dieta, como comida muito pesada ou em quantidade demasiada tarde da noite, alimentos estimulantes e bebidas.
- Mudanças importantes na vida, positivas ou negativas, incluindo morte na família, mudança de casa, divórcio, mudança de emprego etc.
- Rotina inadequada de sono. Soneca durante o dia e menor necessidade de sono do que você pensa.

- Distúrbios no relógio biológico causados, por exemplo, por trabalho noturno ou pela fadiga causada por viagens internacionais.
- Perturbações externas, como ruídos.

2. Despertar durante a noite

As causas do sono intermitente durante a noite incluem a lista anterior, além de freqüente

- Raiva e irritabilidade.
- Consumo excessivo de álcool. Abstinência de álcool ou drogas – seja ou não prescrita por médicos.
- Pesadelos. Medo de pesadelos. Despertar logo antes de começar a sonhar.
- Não ter se movimentado o suficiente durante o dia.

3. Acordar cedo e não conseguir voltar a dormir

Além dos fatores da primeira lista estão também

- Depressão grave.
- Dependência de pílulas para dormir.
- Alcoolismo.

ALIMENTO E BEBIDA

Cafeína

Causa comum da falta de sono, a cafeína é encontrada no café, no chá, chocolate e bebidas do tipo cola. É uma droga que causa dependência em muitas pessoas. Embora seja um estimulante bem conhecido, algumas pessoas tomam de dez a vinte xícaras de café ou chá por dia e depois ficam surpresas por não conseguirem dormir bem à noite. Como o corpo pode processar apenas uma determinada quantidade de cada vez, a cafeína pode permanecer no sistema por várias horas depois de ingerida. Nem todos são afetados adversamente pelo café, mas algumas pesquisas mostram que quando as pessoas que dormem normalmente tomam café tarde da noite, isso não raro retarda o início do sono em cerca de 40 minutos, como também afeta a qualidade do sono e o desempenho de tarefas no dia seguinte. Se você tem dificuldade para dormir, deve diminuir o consumo de chá e café, especialmente à noite.

Álcool

As pessoas que regularmente ingerem grandes quantidades de álcool tendem a ter um sono leve e despertar cedo. Alcoólatras crônicos têm padrões de sono semelhantes aos dos idosos, despertando freqüentemente durante a noite, pouco ou quase nenhum sono delta e sono REM diminuído. Eles também se sentem muito sonolentos durante o dia.

Alergias

Alergias a alimentos e substâncias químicas na comida, na bebida, na atmosfera e nos móveis podem provocar muitos dos transtornos de humor associados à insônia, como depressão, ansiedade e agitação, bem como sintomas físicos.

Perda repentina de peso e distúrbios alimentares

A perda repentina de peso por regime, jejum ou doença pode alterar temporariamente os padrões de sono. Pacientes com distúrbios alimentares associados à restrição de ingestão de alimentos, como anorexia nervosa, tendem a dormir pouco e acordar freqüentemente durante a noite. Quando os anoréxicos começam a alimentar-se de acordo com os padrões normais e ganham peso, seu sono também volta a ter um padrão mais normal.

MUDANÇAS DE CICLOS DE VIDA

Bebês e crianças

Um bebê recém-nascido naturalmente provoca uma alteração nos padrões de sono dos pais. Os pais que aceitam que seu sono será interrompido enquanto o bebê precisar de alimentação à noite sentem menos cansaço do que aqueles que ficam ressentidos. Sentimentos de ressentimento também podem ser percebidos pelo bebê, o que acaba piorando o problema. Esse é um período especialmente cansativo para as mães. Se possível, reserve um período durante o dia para tirar uma soneca ou simplesmente para relaxar.

As crianças também podem sofrer de sono agitado, o que, por sua vez, pode perturbar ainda mais o sono dos pais. Um bebê chorão ou o esforço de colocar uma criança mais velha para dormir cria uma irritação que afetará seu nível de estresse durante o dia e também à noite. Uma rotina regular, estável, que ajude a criança a entender quando é a hora de dormir, deve ser estabelecida o mais cedo possível. Freqüentemente não surgem problemas sérios quando são resolvidos cedo. Talvez seja preciso procurar ajuda na terapia familiar se seus problemas familiares parecerem muito difíceis ou se você estiver confuso com o que está acontecendo e precisar de ajuda para orientar-se melhor. Para uma orientação prática em relação a problemas infantis específicos, o livro *My child won't sleep* (Meu filho não quer dormir), de Jo Douglas e Naomi Richman, é bastante recomendado.

Mulheres e meia-idade

A menopausa pode afetar os padrões de sono da mulher, pois os hormônios se adaptam às mudanças biológicas e isso freqüentemente causa alterações no sono. Os suores noturnos podem ser uma causa adicional e desconfortável de perturbação do sono. O sono geralmente volta ao padrão normal quando termina a menopausa, embora, devido ao processo de envelhecimento, ele possa ficar mais leve do que antes. Para algumas mulheres a menopausa traz outras questões. Isso pode incluir filhos saindo de casa – a síndrome do "ninho vazio" – ou ter que enfrentar questões como o envelhecimento e a mortalidade. Isso pode causar mais depressão e ansiedade. Uma abordagem positiva durante essa fase é considerá-la como um novo e desafiador estágio da vida.

Envelhecimento

À medida que envelhecemos, a quantidade de sono de que precisamos e o nosso padrão de sono tende a mudar naturalmente. Com o aumento da idade, necessitamos de menos sono. Muitas pessoas idosas acordam mais cedo e como isso não acontecia antes, quando eram mais jovens, concluem que têm – ou são erroneamente diagnosticadas como tendo – insônia. À medida que envelhecem, muitas pessoas sentem a necessidade de tirar uma soneca durante o dia. Além disso, elas têm o tempo e a oportunidade para isso, o que interfere no sono noturno. No nível mais simples, se a sua quantidade habitual de sono é de sete horas por noite, e se você aos poucos acrescentou algumas horas de soneca durante o dia, essas duas horas diminuem sua quantidade de sete horas de sono. No entanto, os efeitos da soneca diurna são um pouco mais complexos do que apenas subtrair a quantidade de horas da soneca do tempo total de sono noturno. A soneca diurna, especialmente no começo da noite, geralmente reduz mais a quantidade de sono do que o seu tempo real de duração. Ninguém sabe a razão para isso. No entanto, é uma estratégia que pode ser usada criativamente por pessoas cuja situação exige mais horas despertas.

Também é normal que as pessoas idosas tenham um sono mais leve do que tinham anteriormente, e que acordem mais vezes durante a noite. Todas as pessoas têm momentos breves de vigília durante a noite, quando saem dos ciclos de sono REM, mas nem sempre lembram deles. À medida que envelhecemos, esses momentos podem transformar-se em minutos. Se começar a preocupar-se com eles, isso o fará ficar acordado. Se aceitar que é um processo natural e que não há nada de errado com você, pode começar a curtir a experiência de ficar acordado, mas descansando. Só comece a preocupar-se se os minutos se transformarem em horas, se você se sentir péssimo demais para aproveitá-los ou se estiver perdendo seu tempo total de sono (contando também as sonecas) e se sentir mental e fisicamente exausto no dia seguinte. No entanto, o fato de uma mudança no padrão de sono ser normal no processo de envelhecimento não significa que os idosos não possam sofrer de insônia.

ESTRESSE

O estresse e a vida diária

Embora seja uma palavra que ouvimos com freqüência atualmente, há uma grande dose de mal-entendidos sobre o que realmente é o estresse. Uma razão para isso é que existe uma grande diferença entre o que cada pessoa considera estressante. Certas experiências, como escalar montanhas, podem ser divertidas para algumas pessoas e assustadoras e estressantes para outras. Outras experiências, como a morte de uma pessoa amada ou um divórcio, são estressantes para qualquer um de nós. Quer nossas experiências de vida nos tragam excitação, medo ou uma esmagadora sensação de perda, temos de enfrentá-las. Por esse motivo, o corpo e o cérebro precisam de uma energia extra, e o estresse é a resposta automática e natural do corpo que nos proporciona essa energia extra para enfrentarmos nossos desafios. Os acontecimentos passíveis de desencadear o estresse podem ser de curta duração, como uma discussão com o chefe, ou de longa duração, como doenças crônicas, desemprego ou luto. O estresse também pode ser benéfico, pois muitas vezes nos motiva a fazer algo quando necessário.

Em nossa vida diária, há situações e acontecimentos que podem nos deixar ansiosos ou estressados e, em geral, podemos lidar com a maioria deles. No entanto, o padrão da vida moderna exige cada vez mais de nós. Para lidar com essas exigências, nossa reação humana de estresse entra em ação fornecendo-nos força e energia extras quando precisamos. O perigo é que podemos abusar da reação de estresse. Como resultado, nossa provisão de energia começará a diminuir, prejudicando nossa saúde e a capacidade de enfrentar os acontecimentos da vida diária.

Ansiedade e estresse fazem parte do processo biológico chamado "sistema de estimulação". Quando o que nos estimula é positivo, chamamos isso de prazer ou excitação, mas, quando é negativo, dizemos que é desagradável e estressante. Por exemplo, chamamos de excitação a emoção que sentimos quando antecipamos um acontecimento prazeroso, como ir a uma festa. Se o acontecimento que antecipamos é uma bronca de nosso chefe no trabalho, sentimos essa antecipação como algo desagradável e a chamamos de estresse, embora esteja em funcionamento o mesmo processo biológico.

REAÇÃO DE ESTRESSE

A reação de estresse é vital para nossa sobrevivência como espécie e como indivíduos tentando enfrentar a vida cotidiana. Embora um pouco de estresse seja essencial à vida, ele pode causar doença mental e física se não conseguirmos manter o equilíbrio correto. Ele é prejudicial quando estados constantes de crise impedem o sistema de retornar ao normal (excesso de estimulação) ou quando o sistema deixa de reagir, como em estado de depressão ou apatia (pouca estimulação). Como é crucial à sobrevivência, a reação de estresse pode ignorar muitas outras reações humanas de sobrevivência. Se mantivermos a reação de estresse sob forte pressão ou durante muito tempo, o corpo usará suas reservas para sustentá-la à custa de todos os outros sistemas do corpo, incluindo nossas defesas contra infecções e doenças. Isso pode causar sérias mudanças bioquímicas.

Mudanças provocadas pela reação de estresse

Quando enfrentamos um desafio em nossa vida cotidiana, a reação de estresse imediatamente entra em ação para dar-nos a força e a energia necessárias. É um reflexo complexo que envolve a parte do cérebro chamada hipotálamo, que inicia uma complexa cadeia de reações químicas e nervosas e mudanças pelo sistema hormonal e pelo sistema nervoso simpático. As principais mudanças são:

Coração e circulação

Quando o coração é estimulado, ocorre um aumento nas freqüências cardíaca e de pulso. Há um aumento na circulação de sangue para o cérebro e para os membros, e uma diminuição do suprimento de sangue para o sistema digestivo e para a pele em que os vasos sanguíneos se contraem. A pressão do sangue aumenta.

Pulmões e respiração

A respiração torna-se mais rápida e superficial, usando principalmente a parte superior dos pulmões, o que aumenta a possibilidade de hiperventilação.

Estômago, digestão e órgãos internos

A saliva seca e nosso sistema digestivo torna-se mais lento. O sangue normalmente envolvido na digestão é transferido para os membros para uma ação rápida. Reservas de gordura e açúcar são mobilizadas e se transformam quimicamente para nos dar de modo rápido mais força e energia. A tensão nos músculos aumenta e eles ficam prontos para entrar em ação, mas, ao mesmo tempo, os músculos do reto e da bexiga relaxam.

Todas essas mudanças têm como conseqüência um aumento de energia, velocidade e força. Contudo, isso muitas vezes é muito mais do que o necessário para enfrentar os desafios da vida cotidiana. Se essas transformações não puderem voltar ao normal, a conseqüência é o excesso de tensão. Nesse ponto, os sintomas de ansiedade tornam-se mais extremos e penosos e incluem os que levam os médicos a prescrever tranqüilizantes. Sintomas mais graves podem incluir ataques de pânico, falta de ar, pulsação acelerada, suores, incapacidade de se concentrar, dores e insônia crônica.

SINTOMAS DO ESTRESSE

Quando as pessoas estão estressadas elas podem ter diversos sintomas mentais, emocionais, físicos e comportamentais desagradáveis. Algumas pessoas são mais conscientes desses sintomas do que outras. O que importa é reconhecer a maneira como você reage ao estresse para poder aprender a controlar e evitar os sintomas.

Sintomas físicos

Quando ficamos tensos por muito tempo – sofrendo de estresse crônico –, isso pode causar agitação e ser percebido em uma série de maneirismos, como, por exemplo, balançar as pernas, roer as unhas etc. Fisicamente, os músculos se retesam. Este é um dos primeiros sintomas físicos do estresse e pode provocar vários tipos de dores em praticamente qualquer parte do corpo: dores de cabeça, tremores nas mãos, tensão no maxilar e sensações como um nó no estômago, ou tensão nos músculos da garganta provocando dificuldades para engolir. A tensão nos intestinos pode provocar constipação ou diarréia, ou a irritação na bexiga provocar micção freqüente.

Outros sintomas físicos de estresse incluem enxaqueca, respiração irregular, hiperventilação, desmaios e tonturas, suor nas mãos, dedos frios, boca seca, dormência, aumento na freqüência cardíaca, pressão alta e palpitação. Pode também provocar úlceras no estômago, náuseas e doenças físicas.

Sintomas emocionais

Os sintomas emocionais do estresse incluem sensações generalizadas de ansiedade, medo ou pânico, mau humor e irritabilidade ou acessos de raiva. Outros sintomas incluem sentimentos de depressão, quando ficamos tristes, desesperados, culpados, solitários, inseguros e, muitas vezes, podemos ficar sensíveis às críticas e sentir que ninguém nos compreende, ou achar que os outros estão contra nós.

Sintomas mentais

Os exemplos comuns são dificuldade para concentrar-se e tomar decisões, esquecimento, problemas de memória, cansaço e suscetibilidade à pressão do tempo. Os sintomas mentais podem se refletir no modo de pensar, como pensamentos depressivos (negativos, autocríticos), preocupações (pensamento catastrófico), dificuldade para fazer críticas racionais (idéias distorcidas e irracionais) e tomar decisões ousadas quando estamos confusos ou perturbados e não conseguimos ver as coisas em perspectiva.

Sintomas comportamentais

Esses sintomas envolvem as maneiras como tentamos diminuir nosso excesso de energia e níveis de estresse. Podem, às vezes, levar ao abuso de substâncias como álcool, drogas e cigarros. As pessoas podem desenvolver maneirismos como roer unhas e balançar as pernas ou tornar-se negligentes de maneira geral, ficando propensas a acidentes.

As mudanças de comportamento podem ser sintomas de estresse – por exemplo, quando comemos ou dormimos menos ou mais do que o habitual ou ficamos mais ou menos ativos do que o usual. Algumas pessoas tendem a trabalhar muito ou pouco, o que pode resultar em faltas quando precisam ausentar-se do trabalho. Outras tornam-se hiperativas socialmente, vão de um lugar a outro e falam muito, enquanto há aquelas que tendem a se isolar e evitar situações que as deixam ansiosas.

Muitas vezes, as pessoas ficam desnorteadas e confusas com seus sintomas, preocupando-se e pensando que talvez eles tenham outras causas físicas mais graves. Por exemplo, aqueles associados ao estresse são dores de cabeça, no estômago e no peito. Se eles persistirem a pessoa pode começar a achar que está com câncer ou com um tumor no cérebro ou ainda que está à beira de um ataque cardíaco. Como esses sintomas também podem ter outras causas, se você sintir dores deve consultar um médico. Assim como no caso de John, ao descobrir que a causa das dores é o estresse, tente não aumentar os níveis de tensão preocupando-se desnecessariamente.

Em situação de estresse, John sentia dores no peito que imediatamente interpretava como o início de um ataque cardíaco. Esse pensamento aumentava sua ansiedade e piorava a dor. Cada vez que isso acontecia, ele telefonava para um serviço de ambulância e era levado ao hospital. Tanto seu médico quanto o pessoal do hospital ficavam cada vez mais frustrados com o que consideravam um hipocondríaco que estava desperdiçando seu tempo e recursos preciosos. Depois de um *check-up* completo, ele compareceu a algumas sessões de controle de estresse e aprendeu a reconhecer os sintomas – que no seu caso incluíam dores no peito – e como controlá-los.

AS TRÊS FASES DO ESTRESSE

O estresse é uma parte de nosso sistema de estimulação. Em uma das extremidades do *continuum*, como podemos ver no diagrama a seguir, está o extremo de pouco estresse e na outra, esgotamento e colapso. Antes de definir melhor o modelo de três fases do estresse, podemos ver pelo diagrama que pouco estímulo também nos pode ser prejudicial.

Os efeitos da falta de estímulo e do estresse

Para nos sentirmos no auge de nossa forma física e mental, precisamos estar no nível ideal da curva de estresse ou próximos dele. Com pouco estresse sentimos tédio ou frustração. Isso é desconfortável e assim, muitas vezes, procuramos ativamente situações – como ir ao cinema ou assistir a uma partida de futebol – que nos incentivem a subir na curva de estimulação. Essas situações podem ser acontecimentos reais ou podemos usar nossa imaginação para criar maiores estímulos.

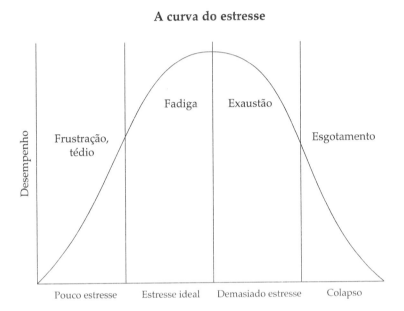

Precisamos de desafios e objetivos satisfatórios em nossa vida diária para nos sentirmos bem. Geralmente, encontramos isso no trabalho ou em *hobbies*. O ideal é ter um trabalho estimulante e interessante, que nos proporcione desafios suficientes para nos dar um sentimento de valor e realização. Contudo, nem todos estão nessa posição privilegiada de realizar um trabalho interessante. A preocupação e a ansiedade consomem mais energia do que se estivermos completamente envolvidos em um emprego satisfatório, e há tantas doenças causadas pelo estresse do tédio e da falta de satisfação quanto pela ansiedade da pressão contínua. Frustração, agressão ou apatia podem ser conseqüências e provocar doenças.

Fase 1: o começo do estresse

Qualquer acontecimento ou situação que seja um desafio físico ou psicológico provoca uma reação de estresse para nos proporcionar impulso extra e energia física e mental para enfrentar tal circunstância. Só quando o desafio termina é que a reação de estresse é interrompida. Por exemplo, se você estiver correndo para pegar o último trem para casa. Uma onda de energia permite que você corra até o trem com inesperada velocidade, e então, quando você já se encontra no trem, há o relaxamento e a reação de estresse acaba. Essa primeira fase do estresse não dura muito e é tão essencial à vida e tão familiar que nem sempre a reconhecemos como uma reação de estresse.

Fase 2: a manutenção do estresse

A fase 2 ocorre quando o estresse é demasiado e/ou prolongado. Se o estresse aumenta – por exemplo, se as mudanças em sua vida estão ocorrendo muito repentinamente ou rápido demais, não lhe dando tempo suficiente para se acostumar e adaptar-se –, você terá de se esforçar mais para enfrentá-las. Igualmente, se níveis elevados de estresse continuarem por muito tempo, a reação ao estresse pode começar a interferir com sua capacidade de enfrentamento. Isto porque, enquanto o desafio durar, a reação de estresse continuará aumentando e produzindo energia, primeiro usando a que estiver disponível; depois; as reservas, e, finalmente, mobilizando gorduras e açúcares armazenados no sangue e nos tecidos. Isso tem como conseqüência acelerar todas as funções corporais para criar energia física e mental extras de que precisamos para atender a demandas extras.

Assim como na primeira, essa segunda fase não é necessariamente ruim a não ser que se mantenham níveis elevados de estresse por muito tempo. Nesse ponto, quaisquer problemas adicionais, como dificuldades familiares ou financeiras, mudanças de emprego ou pressão no trabalho, sobrecarregam nosso sistema. Quando há muita pressão em nosso sistema de estimulação, começamos a notar sinais de alerta, como irritabilidade, impaciência, dificuldades para dormir, perda de concentração e depressão. Durante essa fase, nosso trabalho muitas vezes começa a ser afetado e aumentamos o estresse à medida que nos preocupamos com a questão; como resultado, elevam-se os níveis de estresse ainda mais e somos conduzidos à próxima fase, que é a do esforço excessivo.

Fase 3: tensão

Esse é o resultado final, quando ficamos sob demasiado estresse e/ou ele se mantém por tempo demais e ignoramos os primeiros sinais de alerta. É nessa fase que pode haver algum dano, pois são feitas muitas exigências à mente e ao corpo sem reposição das reservas de descanso e sono. Se não deixamos o corpo e o cérebro se recuperar e as mudanças não são revertidas, quando tentarmos atender às novas exigências ficaremos tensos. Nessa fase a energia começa a diminuir e, se continuarmos ignorando os sintomas de fadiga e estresse, podemos chegar ao ponto em que é provável ocorrer um esgotamento ou colapso na saúde física e mental. As queixas típicas são a perda de energia no trabalho e em casa. É neste ponto que as pessoas dizem "Estou estressada".

Reconhecendo a tensão

É importante reconhecer os sintomas da tensão. Os mais comuns incluem:

Mudança na personalidade

Quando a pessoa está sob tensão nem sempre percebe isso. Em geral, o problema é observado por amigos e colegas que reconhecem que a pessoa está se comportando de maneira diferente da habitual – por exemplo, quando uma pessoa quase sempre calma torna-se irritável e de pavio curto, ou quando uma pessoa normalmente determinada torna-se confusa e insegura, dando ordens contraditórias enquanto tenta controlar a situação.

Padrões de sono

Nossos padrões de sono se alteram quando estamos sob tensão. Fica mais difícil pegar no sono e acordamos freqüentemente durante a noite ou mais cedo. A preocupação com a falta de sono piora a situação, dificultando ainda mais o sono e aumentando o ciclo de exaustão. Enquanto algumas pessoas não conseguem dormir, outras querem dormir mais e acordar cedo de manhã fica muito difícil.

Buscando consolo

Quando estamos sob tensão muitas vezes tentamos melhorar as coisas buscando algum consolo. No entanto, isso pode levar aos seguintes padrões destrutivos:

Comer: enquanto algumas pessoas deixam de comer, outras começam a comer demais. Perder ou aumentar de peso pode ser um sinal de estresse de longa duração.

Fumar e beber: muitas pessoas fumam e bebem socialmente ou porque gostam. É também considerada uma maneira de diminuir a ansiedade e sair da depressão. Ainda que a ingestão moderada de álcool nos ajude a relaxar e o fumo temporariamente nos anime, durante o estresse tendemos a depender mais deles.

Quando estamos exaustos, torna-se difícil nos concentrar e muitas vezes ficamos indecisos, irritáveis e explosivos. Se ignorarmos isso e tentarmos mascarar esses problemas bebendo e fumando muito, poderemos obter um alívio temporário, mas estaremos apenas mascarando o problema e poderemos acabar nos sentindo pior. Podemos até perder a perspectiva, ficar deprimidos, hipersensíveis, ou evitar atividades sociais.

A longo prazo, as mudanças causadas pelo estresse devem ser consideradas seriamente porque as correspondentes mudanças bioquímicas no corpo provocam altos níveis de esteróides que interferem com o sistema imunológico. Nesse estágio, as pessoas ficam vulneráveis a qualquer infecção ou doença e a parte mais fraca de nosso sistema é a que será atingida em primeiro lugar.

ESTRESSE, TENSÃO E DOENÇA

O estresse é muitas vezes chamado de doença moderna. Em si mesmo, não é uma doença, mas uma reação fisiológica normal com o objetivo de nos ajudar a lutar contra doenças e outras crises ou desafios que precisamos enfrentar. Contudo, sob certas condições, níveis elevados contínuos de estresse podem causar o que chamamos de doenças induzidas pelo estresse. O estresse pode também enfraquecer o corpo e favorecer o desenvolvimento de doenças ou infecções. Nesse caso, falamos de doenças relacionadas ao estresse, mas a distinção entre os dois tipos nem sempre é muito clara. Na realidade, a relação entre doença e estresse é muito complexa. O tipo de doença que se desenvolve a partir da tensão de um estímulo contínuo depende tanto de nossa estrutura genética como de uma vulnerabilidade de nosso sistema naquele momento.

O QUE PROVOCA O ESTRESSE?

O estresse pode ser provocado por algo dentro de nós – isto é, um conflito ou problema – ou por algum fator externo. Mas o que causa estresse em uma pessoa pode não causar em outra. Isso acontece porque nossas necessidades são muito diferentes – por exemplo, o tempo que precisamos para terminar um trabalho, a quantidade de comida, descanso e sono etc. Isso é devido ao fato de nossas personalidades – isto é, aquilo que trazemos para o mundo conosco, os cuidados que recebemos quando crianças, e como aprendemos a lidar com nossas experiências – serem diferentes. Por exemplo, uma pessoa perfeccionista terá padrões elevados para si mesma e necessitará de mais tempo para terminar uma tarefa e ficar satisfeita do que outra, que pode realizar a mesma tarefa na metade do tempo, sem se preocupar com isso. Se ambas tiverem o mesmo prazo para terminar a tarefa, a perfeccionista ficará mais vulnerável ao estresse.

Considerar ou não determinada experiência como estressante dependerá de uma interação de muitos fatores, que incluem:

1. Eventos externos

Esses são os acontecimentos do mundo externo a que estamos sujeitos ou que nos são impostos. Eles podem ser de curta duração – por exemplo, prazos para entrega de trabalho ou fazer uma apresentação importante – ou podem envolver uma ameaça, como quando evitamos por pouco um acidente de carro ou alguém questiona nossa competência. Os eventos externos também podem ter uma duração maior, como a doença crônica de alguém querido, o luto ou a demissão do emprego. Mesmo quando nossa vida está indo muito bem, em algum momento ou outro teremos de enfrentar tragédias, triunfos e desastres inevitáveis da vida. Podemos pensar que estamos equilibrados, mas, na verdade, temos pouco controle sobre esses acontecimentos externos.

2. A quantidade e a natureza da mudança em nossa vida

A quantidade de mudanças pelas quais passamos em nossa vida e a forma de lidar com elas afeta o nosso estresse e o modo como enfrentamos os acontecimentos estressantes. O estresse em si mesmo não é uma doença, mas uma condição de nossa época e uma parte da vida na sociedade altamente tecnológica e variável. As mudanças tecnológicas acontecem tanto em casa como no local de trabalho em um ritmo jamais observado. Todas elas poupam tempo de tal modo que podemos, no espaço de um dia, realizar mais e viajar para mais longe do que nossos avós poderiam em semanas. No entanto, somos o mesmo tipo de pessoas e nisso não mudamos. Portanto, a questão é saber: como reagimos e nos adaptamos a ritmos de vida tão diferentes? Muitas pesquisas foram feitas sobre o efeito da mudança em nossas vidas. Uma escala desenvolvida por Holmes e Rahe, chamada "Escala Classificatória de Adaptação Social" (1970), menciona 43 acontecimentos estressantes da vida. A escala dá a cada evento um valor de acordo com a quantidade de adaptação necessária para enfrentar a mudança extra acrescida aos acontecimentos da rotina diária. Há anos é considerada confiável e útil para medir os efeitos das mudanças em pessoas de várias culturas diferentes. Ela é útil para avaliar a quantidade de mudanças que um indivíduo pode permitir em sua vida em qualquer momento. Holmes e Rahe descobriram que 80% das pessoas com mais de 300 pontos em um ano correm o risco de doença no futuro próximo. Das pessoas entre 150 e 299 pontos, 50% ficam doentes em curto prazo, e daquelas com menos de 150 pontos, cerca de 3% adoecem logo após as mudanças. Isso não significa que inevitavelmente surgirão doenças depois de mudanças – por exemplo, um em cada cinco dos que têm a pontuação mais alta não ficam doentes. Outros fatores também precisam ser considerados, como a maneira de a pessoa enfrentar situações estressantes. A experiência de ter tido pequenos problemas e ter conseguido vencê-los também tem um efeito positivo em nossa capacidade de enfrentar a situação no futuro.

Escala classificatória de adaptação social

Grau	Acontecimento da vida	Pontuação
1	Morte de cônjuge	100
2	Divórcio	73

3	Separação conjugal	65
4	Prisão	63
5	Morte de um familiar próximo	63
6	Doença ou ferimento	53
7	Casamento	50
8	Demissão	47
9	Reconciliação conjugal	45
10	Aposentadoria	45
11	Problema de saúde de um membro da família	44
12	Gravidez	40
13	Dificuldades sexuais	39
14	Novo membro na família	39
15	Readaptação profissional	39
16	Mudança na situação financeira	38
17	Morte de um amigo íntimo	37
18	Mudança para um novo ramo de atividade	36
19	Mudança na quantidade de discussões	35
20	Hipoteca vultosa	31
21	Cobrança de hipoteca ou empréstimo	30
22	Mudança de responsabilidade no trabalho	29
23	Saída de filho ou filha de casa	29
24	Problemas com parentes	29
25	Realização pessoal notável	29
26	A esposa começa ou deixa de trabalhar	26
27	Começar ou terminar os estudos	26
28	Mudança nas condições de vida	25
29	Revisão de hábitos pessoais	24
30	Problemas com o chefe	23
31	Mudanças nas horas ou condições de trabalho	20
32	Mudança de residência	20
33	Mudança de escola	20
34	Mudança na recreação	19
35	Mudança nas atividades religiosas	19

36	Mudança nas atividades sociais	18
37	Hipoteca ou empréstimo pequenos	17
38	Mudança nos hábitos de sono	16
39	Mudança na quantidade de reuniões de família	15
40	Mudança nos hábitos alimentares	15
41	Férias	13
42	Natal	12
43	Violações pequenas da lei	11

3. Necessidades internas e crenças

A maneira como reagimos às situações é diferente porque, para começar, cada um as vê de maneira diferente. Pode-se até dizer que não estamos reagindo à mesma situação. O que uma pessoa considera como ameaça terrível pode ser percebido como desafio estimulante por outra e como uma bobagem por uma terceira. Não é a situação real que nos causa estresse, mas o significado que lhe damos é que difere de uma pessoa para outra. Outra razão que nos faz reagir de maneira diferente é que experimentamos o estresse – físico, mental, emocional e comportamental – de formas diferentes.

O estresse pode ser provocado por nossas esperanças, medos e crenças mais íntimos, e também pela nossa atitude frente à vida – por exemplo, o perfeccionista que tem de ser perfeito em todas as coisas. Pode também ser provocado pelo esforço para atender às expectativas irreais de outras pessoas e também às nossas – por exemplo, talvez esperem que você seja um grande gerente quando, na verdade, sua aptidão maior é para executar, mas não para administrar.

4. Apoio externo

Quer seja provocado pelas demandas externas ou pelas próprias necessidades internas, a ajuda prática ou o apoio emocional que os outros podem lhe oferecer, em casa ou no trabalho, pode diminuir seu estresse.

5. Controle e previsão

Nós consideramos as situações e os acontecimentos que não podemos controlar, nem prever, mais estressantes do que aqueles sobre os quais temos domínio. A sensação de não estar no controle do próprio futuro é grande causadora de estresse.

6. Estilos pessoais de reação

Seja qual for a situação, se ela vai ou não ser vivida como estressante dependerá até certo ponto de nossa maneira habitual de enfrentar situações do tipo. Se acharmos que vamos ser capazes de reagir bem à situação, isso também influencia o estresse. Por causa de nossas próprias experiências pessoais, nosso treinamento e nossas expectativas sobre nós mesmos e sobre os outros, reagimos de maneira diferente aos acontecimentos. Por exemplo, ao enfrentar uma mesma situação, uma pessoa pode se conformar, outra pode se rebelar e uma terceira pode tentar mudá-la. E uma quarta pode não ser nem um pouco afetada.

Pessoas que provavelmente sofrem de falta de estímulo

- Donas-de-casa que cuidam de crianças com menos de cinco anos muitas vezes estão subestimuladas, apesar de estarem muito "ocupadas" o dia todo. Elas estão executando diversas tarefas com habilidades diferentes, como as de babá, cozinheira, jardineira, enfermeira e faxineira, enquanto ao mesmo tempo as habilidades para as quais foram treinadas – as habilidades de sua profissão – não estão sendo utilizadas. Isso por si só pode provocar um sentimento subjacente de frustração que muitas vezes não é reconhecido como tal. A falta de estímulo intelectual e social também pode levar a sentimentos de isolamento.

- Os solitários, especialmente os idosos, cujos parentes, se os têm, moram muito longe.
- As pessoas que trabalham sozinhas – por exemplo, os vigias noturnos, os seguranças, os que trabalham em casa, e as pessoas solteiras inválidas que vivem em casa e precisam da ajuda de terceiros.
- Os aposentados cujas vidas se concentravam no trabalho e que passam a sentir um grande vazio.
- As pessoas que foram demitidas e os desempregados. Os últimos têm problemas potenciais de identidade e também a perda da possibilidade de praticar suas habilidades. Em nossa moderna sociedade industrial, as pessoas geralmente são conhecidas pelo trabalho que fazem. Quando ficam sem emprego, elas geralmente perdem o auto-respeito e a autoconfiança.

Pessoas que provavelmente sofrem de excesso de estímulo

- Pessoas ambiciosas e que exigem muito de si mesmas para alcançar os melhores resultados em pouco tempo (personalidade "Tipo A").
- Pessoas que duplicam a quantidade de trabalho de um dia normal, como a esposa e mãe que trabalha fora e

tem de fazer malabarismos para atender às exigências da profissão e das responsabilidades no lar.
- Pessoas que começam um negócio do nada e dedicam todo o tempo e energia ao seu projeto sete dias por semana.
- Pessoas com muitas responsabilidades, como cuidar de uma criança doente ou incapacitada, além de um trabalho exigente, como estudar para obter melhor qualificação.
- Pessoas que dão muito de si mesmas ou que assumem compromissos demais.
- Pessoas que podem não estar sobrecarregadas, mas reagem mal, tratando cada pequeno incidente como uma grande crise.

ESTRESSE, CANSAÇO E SONO

Experimentamos um estado de cansaço normal quando o corpo usou sua reserva disponível de energia e precisa descansar para restaurar e reabastecer o seu equilíbrio. Geralmente, nesse ponto, paramos e descansamos. Uma dificuldade é que, muitas vezes, nos ensinaram, desde a mais tenra infância, que devemos nos esforçar e trabalhar duro para alcançar nossos objetivos. Durante esse processo podemos ter aprendido a não prestar atenção ao cansaço e, assim, continuamos sem notar os sinais de alerta transmitidos por nosso corpo. Quando finalmente paramos e sentamos no final do dia, muitas vezes ficamos surpresos ao ver como estamos de fato cansados. É útil poder reconhecer os diferentes estágios do cansaço e da fadiga.

AS FASES DA FADIGA

1. Cansaço saudável

O cansaço saudável é a reação natural e normal que nos indica quando precisamos parar e descansar. É quando a pessoa boceja, diz que está cansada e não se preocupa com isso, decidindo ir para a cama cedo ou relaxar no final de semana. O trabalho pode continuar, se for preciso, embora exija mais esforço do que o normal. Seu cérebro e seu corpo estarão tentando lhe dizer para parar com todo o trabalho desnecessário e você sentirá que precisa descansar e reservar sua energia e seus recursos.

2. Cansaço constante

Quando o cansaço continua além da primeira fase, atingimos o estágio seguinte quando não somos capazes de nos livrar da sensação de cansaço. Muitas vezes, nessa segunda fase de cansaço, as pessoas se queixam de falta de energia, de estar muito fatigadas no final do dia, sem vontade de sair para fazer mais nada, e dessa maneira a vida torna-se um ciclo de trabalho e sono. Quando isso acontece, é preciso tirar uma folga completa da rotina diária. Esse tipo de cansaço também pode ser devido à sobrecarga – por exemplo, se você tem um trabalho exigente e tarefas e responsabilidades à noite, uma vida social intensa ou dificuldades em casa ou no trabalho. As férias proporcionam a oportunidade de pôr em dia o descanso e o sono tão necessários para restaurar o sistema ao nível normal.

Algumas vezes, essa fase de cansaço é um sinal de que nossas atividades mentais e físicas estão desequilibradas. As pessoas que trabalham mais com a mente e se movimentam pouco durante o dia precisam reparar o equilíbrio e acrescentar alguma forma de exercício físico à sua rotina. Isso ajudará a corrigir o desequilíbrio químico que está causando o cansaço e reduzirá a ansiedade e a depressão. Entretanto, essa nova atividade não deve ser iniciada se o cansaço realmente for o da exaustão. Adiante veremos como notar a diferença.

3. Exaustão

Nesse ponto, o cansaço está em um nível perigoso. As pessoas que chegaram a esse nível muitas vezes nem sequer admitem que estão cansadas. Isso acontece porque elas em geral ficam defensivas e não querem admitir que há alguma coisa errada, embora as outras pessoas notem mudanças em seu comportamento. É típico haver mudanças nos padrões habituais, como nos hábitos de sono e de alimentação.

Os padrões de sono são alterados de várias maneiras. Quando as pessoas estão sob tensão elas não conseguem dormir bem, geralmente porque sentem dificuldade para pegar no sono e também para acordar cedo de manhã. Nessa fase, elas ficam frustradas rapidamente e explodem por qualquer coisa. Em conseqüência, as relações pessoais se deterioram. O trabalho também sofre, pois o raciocínio original e flexível da pessoa dá lugar a idéias fixas e rotineiras, uma vez que sua mente está fechada para as mudanças. As habilidades de liderança são prejudicadas, e uma pessoa que antes era um líder flexível, inovador, torna-se alguém preso na rotina e na burocracia.

Estudo de caso: Jim

Jim era o chefe eficaz e querido de uma firma de engenharia pequena mas muito bem-sucedida. Estava contente com a situação, embora seu sócio estivesse ansioso para expandir a empresa. Devido ao excelente desempenho da firma, o gerente do banco de Jim encorajou-os a fazer empréstimos. A empresa cresceu muito rapidamente, fazendo outros empréstimos bancários para financiar a contratação de mais pessoal e aumentar as instalações.

Jim tinha reagido bem ao estresse normal de trabalho quando a firma era pequena, do tipo familiar. Com o crescimento, no entanto, surgiram mudanças na organização e na natureza das relações de trabalho, provocando um estresse adicional. Ele começou a sentir sintomas de ansiedade durante o dia, como dor de cabeça, e a dormir mal à noite, pela primeira vez na vida. Tentou lidar com o estresse ingerindo mais álcool à noite. No começo, isso ajudou, mas acabou piorando o sono, pois ele despertava várias vezes durante a noite e acordava ainda mais exausto pela manhã. Foi no estágio final da exaustão que os colegas começaram notar uma grande mudança em sua personalidade. De homem jovial, calmo, flexível no que pedia à sua equipe de trabalho, tornou-se mal-humorado e sempre pronto em expressar sua raiva. O mais leve desvio do padrão de trabalho estabelecido o deixava furioso. Em um período relativamente curto passou da simples preocupação com o trabalho a níveis cada vez mais graves de estresse até chegar ao atual estado de tensão.

CONTROLANDO OS NÍVEIS DE ESTRESSE

A reação de estresse foi comparada, muitas vezes, ao pedal do acelerador de um carro. Quando estamos atrasados, nossa tendência é pisar no acelerador. No entanto, isso será inútil se estivermos parados no trânsito. Se nos permitirmos ficar estressados por circunstâncias que estão igualmente fora de nosso controle, a energia extra apenas se desviará para a tensão, ansiedade e frustração. Algumas vezes, só precisamos aceitar as coisas como elas são.

Lidar com o estresse significa agir de maneira sensata, entendendo e prestando atenção às reações desse distúrbio e seus sintomas. Assim, será possível evitar grande parte do estresse e das doenças. Mais adiante examinaremos algumas maneiras de reagir melhor à ansiedade e ao estresse. Mas, antes, vamos examinar algumas medidas práticas que podem ser adotadas para superar a insônia.

CAPÍTULO 3

Como superar a insônia

RESTAURANDO UM PADRÃO MELHOR DE SONO

Exercício

Um pouco de exercício leve no começo da noite pode liberar energia e tensão. O exercício também pode ajudar a restaurar o equilíbrio se você passou a maior parte do dia fisicamente inativo. No entanto, evite fazer exercícios tarde da noite, o que estimula excessivamente o corpo. A resposta melhor é se exercitar mais cedo, durante o dia – os melhores momentos para exercícios puxados são durante a tarde e no começo da noite. Para ajudar a combater a insônia faça uma caminhada leve à noite, para relaxar.

Sonecas

Enquanto estiver recuperando o padrão normal de sono, é melhor evitar as sonecas. As exceções incluem os pais de bebês recém-nascidos que não são tecnicamente insones, mas provavelmente estão tendo um sono interrompido. Se você for idoso e a necessidade de uma soneca durante o dia for grande, lembre-se de que precisará de menos sono à noite.

Você pode vencer a sonolência durante o dia, especialmente depois do almoço, com um pouco de respiração profunda ou com uma caminhada vigorosa. Tente não adormecer na poltrona assistindo televisão no começo da noite. Você terá de acordar depois para ir para a cama, o que confunde o seu relógio biológico e torna mais difícil pegar no sono outra vez.

Pílulas para dormir

De vez em quando, tomar uma pílula para dormir, prescrita por seu médico, pode ser útil para ajudá-lo a superar uma crise específica e restabelecer seu padrão de sono. Atualmente, no entanto, a maioria dos médicos está muito consciente dos perigos a longo prazo do uso de pílulas para dormir. Os principais motivos são:

1. Elas deixam de ter efeito depois de algumas semanas, o que pode levar a pessoa a tomar doses cada vez maiores à medida que sua eficácia diminui.
2. O uso a longo prazo pode levar à dependência física e/ou psicológica.
3. Podem ter efeitos colaterais desagradáveis – por exemplo, algumas pessoas ficam ansiosas ou desanimadas quando estão tomando pílulas para dormir.
4. Podem levá-lo a perder a confiança em sua capacidade de enfrentar os problemas.
5. Podem amortecer sentimentos positivos (como o prazer) tanto quanto os negativos.
6. Quando as pessoas tentam parar de tomar as pílulas, algumas vezes têm sintomas desagradáveis (efeitos da retirada do remédio), inclusive ansiedade.

7. As pílulas para dormir não resolvem o problema original que causou a insônia.

Quando tomadas por um período prolongado, as pílulas para dormir podem levar a um círculo vicioso de dependência física e/ou psicológica. Isso acontece porque o corpo cria uma tolerância à droga depois de algumas semanas, o que significa que a dose que você estava tomando inicialmente torna-se ineficaz e você dorme menos. A tentação, então, é tomar mais pílulas para conseguir dormir, e assim por diante. A longo prazo, elas podem atrapalhar o sono em vez de solucionar o problema que causou a dificuldade inicial.

Abandonando as pílulas para dormir

Muitas pessoas, que tomaram pílulas para dormir durante meses ou mesmo anos, agora estão sendo encorajadas a abandoná-las, e estão usando maneiras alternativas para lidar com os problemas. Tentar viver sem pílulas para dormir é enfrentar um novo desafio. Nunca deixe de tomá-las repentinamente – é melhor uma redução contínua e gradual, em um ritmo em que você se sinta confortável. Algumas pessoas deixam-nas facilmente, enquanto outras encontram mais dificuldade. É importante que, antes de suspender o seu uso, você descubra o que é melhor para o seu organismo.

1. Diga a seu médico que deseja abandonar as pílulas. Se possível tente elaborar um plano com ele. Seu médico pode encaminhá-lo a um profissional que tenha experiência em ajudar as pessoas a suspender o uso de medicamentos – como um psicólogo clínico

– e juntos vocês poderão explorar maneiras melhores de enfrentar o problema.
2. Algumas pessoas acham útil contar à família e aos amigos sua decisão e pedir o seu apoio e compreensão.
3. Muitas pessoas procuram o apoio de outras que já passaram pelas mesmas dificuldades para abandonar as pílulas e os tranqüilizantes. Tente descobrir grupos de auto-ajuda em sua cidade. Ao compartilhar seus problemas, esses grupos terão condições de ajudar, mostrando que você não está sozinho, e podem lhe oferecer informações, fazendo-o procurar entender, em primeiro lugar, por que começou a tomar as pílulas. Podem também oferecer orientações, estímulo e apoio.

Quando você decidir parar:

- Congratule-se.
- Suspenda as pílulas gradualmente.
- Recompense a si mesmo pelo passo conquistado, por menor que seja.

Efeitos da suspensão

Quando você se dispõe a parar de tomar pílulas para dormir, pode ficar tentado a diminuir muito rápido ou reduzir por demais a dose, ou até deixar repentinamente de tomá-las. Se fizer isso, é possível que venha a sofrer vários efeitos colaterais bastante desconfortáveis, o que pode até levá-lo a pensar que existe algum outro problema ou doença que, de alguma forma, está sob o controle das pílulas. Por isso, é importante suspender o medicamento muito devagar, diminuindo a dose ao longo de pelo menos três meses ou mais. Os piores problemas surgem quando a pessoa abandona as pílulas de repente.

Os efeitos da suspensão podem incluir sintomas relacionados à ansiedade, como pânico, tensão, agitação e dificuldade para dormir. É importante compreender que esses efeitos, que incluem a "insônia de repercussão" – a insônia causada pelo corpo ansiando pela droga –, são provocados pelas próprias pílulas e não são necessariamente uma recorrência da causa original da insônia ou um sinal de algum problema subjacente.

Às vezes, as ansiedades originais para as quais as pílulas inicialmente foram prescritas reaparecem, e é mais fácil lidar com isso se você encarar como parte do processo de cura em vez de sinal de doença. A orientação de um profissional ou prático alternativo pode ajudar nessa fase. Profissionais de terapias naturais podem ser muito úteis para ajudá-lo a suspender as pílulas e lidar com os efeitos secundários, inclusive para desintoxicar o organismo. Se você estiver procurando tratamento complementar para a sua insônia, é bom avisar o seu médico.

Sedativos à base de ervas

Os terapeutas alternativos preferem tratar os problemas de sono sem depender de medicação, mas os tranqüilizantes à base de ervas podem ser úteis e seguros como ajuda temporária para recuperar o sono normal.

Há uma grande variedade de pílulas sedativas de ervas encontradas em farmácias e lojas de produtos naturais. A maioria contém proporções ligeiramente diferentes dos mesmos ingredientes, incluindo vários tipos de ervas que induzem o sono. Elas podem ser tomadas durante o dia para neutralizar a ansiedade tanto quanto à noite para ajudar a dormir.

As pílulas de ervas não têm os mesmos efeitos colaterais das pílulas para dormir convencionais. Ocasionalmente uma pessoa pode ter uma reação alérgica a um produto à base de ervas, mas isso não se compara às milhares de pessoas que sofrem de dependência de tranqüilizantes e dos sintomas da abstinência. A maioria dos remédios feitos com ervas é suave e tecnicamente não causa dependência física. No entanto, é possível tornar-se psicologicamente dependente deles ou usá-los como substitutos para lidar com as causas de sua insônia. Quando ingeridos regularmente durante algumas semanas, seu efeito diminui.

Alimentos e bebidas

O horário das refeições

O horário das refeições é tão importante quanto o que comemos. Alguns profissionais recomendam um bom café da manhã, um almoço moderado e um jantar leve, de preferência antes das 6 horas da tarde. Há razões biológicas para isso. O sistema digestivo humano funciona melhor de manhã, e fica mais lento ao longo do dia. Isso significa que, quando comemos tarde da noite, o alimento tende a permanecer semidigerido no estômago enquanto dormimos e, assim, pode interferir em nosso sono. Às vezes, pode contribuir para a formação de toxinas que prejudicam a saúde.

Agora talvez seja o momento de mudar seus hábitos alimentares para estimular o corpo a relaxar e dormir. Contudo, é importante lembrar que estabelecer uma nova rotina não significa que você tenha de seguir rigidamente as regras. Por exemplo, se for convidado para jantar fora de seu horário habitual, você pode se adaptar reduzindo as porções e o álcool. O mais importante é relaxar e curtir.

Relaxar durante a refeição provavelmente é tão importante quanto o horário em que você se alimenta.

Alimentos

Os alimentos que devem ser evitados à noite incluem aqueles que enchem o estômago e sobrecarregam o sistema digestivo sem dar nenhum combustível real ao corpo – por exemplo, carboidratos refinados como farinha branca e açúcar. Lembre-se que uma grande variedade de alimentos contém açúcar, incluindo, é claro, bolos, chocolates e biscoitos.

É melhor também evitar os alimentos processados. Estamos nos tornando cada vez mais conscientes dos efeitos dos aditivos químicos nos alimentos, mas muitos alimentos processados contêm aditivos aos quais algumas pessoas têm reação adversa sem se darem conta do que realmente lhes está causando isso. Alimentos com muita gordura também exigem um esforço maior do sistema digestivo quando ingeridos à noite – portanto, pode ser verdade o mito de que queijo causa pesadelos.

Alimentos estimulantes que podem nos manter acordados também incluem vegetais crus, saladas e frutas; assim, recomenda-se fruta e/ou fruta seca no café da manhã e muita salada crua no almoço. Tenha cuidado com a quantidade de sal usado para cozinhar e também na acrescentada ao seu prato à mesa – sal demais eleva a pressão sanguínea e deixa o corpo ativo demais.

Os naturopatas consideram os vegetais de raiz mais sedativos do que os que crescem acima do solo. Também são sedativos os carboidratos, não refinados – batatas, pão de trigo integral, macarrão e arroz –, portanto, são boas escolhas para a refeição da noite. Muitos alimentos, quando combinados com carboidratos, levam à produção de um aminoácido chamado triptofano, que é o principal componente da serotonina. A serotonina é um neuroquímico que ajuda a dormir. Alimentos nessa categoria incluem leite, ovos, carne, nozes, peixe, queijos duros, bananas e cereais.

Algumas pessoas recomendam um lanche leve contendo triptofano como última refeição da noite, como uma tigela de cereal ou uma banana, para evitar a fome noturna. Contudo, essa é uma decisão que só você pode tomar. A noite é o momento em que o corpo deve estar pronto para dormir, não para digerir alimentos. Se um lanche tarde da noite é bom para você e ajuda a dormir, esse pode ser o fator mais importante para a recuperação de seu padrão de sono.

Bebidas

Uma bebida morna antes de dormir pode ser reconfortante e relaxante, mas não beba muito tarde. Muitas pessoas idosas se queixam de ter de levantar para ir ao banheiro durante a noite sem relacionar isso com o que bebeu pouco antes de dormir. À medida que envelhecemos nossos rins tornam-se mais ativos à noite. Assim, a quantidade de líquido que bebemos antes de deitar deve ser menor do que a que podíamos beber quando jovens. Se isso for um problema, tente tomar sua bebida pelo menos uma hora antes de deitar.

A tradição de tomar um copo de leite quente na hora de dormir provavelmente se baseia no fato de que o leite contém triptofano e cálcio, que é um relaxante muscular e acalma o sistema nervoso. Um copo de leite quente acompanhado por suplementos de cálcio e magnésio pode ajudar a pegar no sono, especialmente se você sofrer da síndrome das pernas agitadas. Contudo, nem todas as bebidas com leite são boas para o sono – o chocolate tem muita cafeína. O leite quente puro ou com malte é o mais aconselhável.

Dizem também que uma pitada de noz-moscada por cima induz o sono. Algumas pessoas acham o leite de difícil digestão e, sendo assim, muitos puristas não o recomendam como último alimento da noite. Outras acreditam que o vinagre de cidra e o mel ajudam a dormir. A mistura contém uma boa provisão de elementos incluindo o cálcio. Uma colher de chá de cada um pode ser misturada em uma xícara de água quente.

Evite café e chá à noite, pois são estimulantes e podem mantê-lo acordado. Se você sofre de insônia, tente beber chá de ervas, água mineral e sucos de frutas naturais. Se tiver dificuldade para abandonar totalmente as bebidas com cafeína, tente substituí-las por aquelas descafeinadas, como bebidas de cereais e café de dente-de-leão. (Veja mais sobre ervas no Capítulo 7.)

Álcool

Um pouco de álcool age como relaxante e pode ajudar a dormir, mas beber toda noite, e muito, perturba o sono e faz despertar muito cedo ou leva à dependência e acaba assim trazendo problemas maiores. Desmaiar por ter bebido demais não é dormir! Você também deve saber que, embora no começo o álcool possa ajudar a pegar no sono, ele pode provocar insônia. Para digerir o álcool, o fígado e os rins precisam fazer um trabalho extra, e o corpo deve fornecer adrenalina extra, que é um estimulante. Descobriu-se que o álcool reduz o sono REM.

Alergias e sensibilidades

A maioria das pessoas sabe se tem alergia a algum alimento. Contudo, as intolerâncias são mais difíceis de detectar.

Algumas pessoas são sensíveis a determinado tipo de alimento sem apresentar uma reação alérgica completa. O grau de sensibilidade também pode variar, com a reação só acontecendo ou se intensificando quando a pessoa está estressada. As substâncias que mais comumente causam reações alérgicas ou intolerância são trigo, ovos, açúcar, laticínios, café, chocolate e laranjas, como também algumas substâncias químicas e aditivos.

Comece observando suas reações a alimentos e bebidas, especialmente aqueles que você adora ou consome todos os dias. Se notar que regularmente sente-se mais agitado ou mais deprimido depois de determinada comida ou bebida, tente tirá-la de sua dieta por cerca de uma semana e veja se faz alguma diferença. Se você for alérgico ou intolerante talvez tenha sintomas de abstinência, como dor de cabeça ou náusea. Se isso acontecer, é realmente um bom sinal, pois mostra que seu organismo está reagindo e eliminando alguma coisa que o estava prejudicando.

Suplementos

A opinião dos especialistas sobre o valor dos suplementos vitamínicos e minerais varia muito, especialmente entre médicos ortodoxos e terapeutas naturais. A opinião médica em geral é a de que enquanto você fizer uma dieta saudável e balanceada não precisará de mais nada. Os terapeutas naturais, contudo, ressaltam que grande parte dos alimentos é afetada por elementos como pesticidas, poluição e conservantes que são acrescidos às vitaminas e aos minerais ingeridos pela maioria das pessoas. Isso é particularmente verdadeiro quando a pessoa está estressada, como freqüentemente é o caso dos insones.

Os suplementos só são úteis quando fornecem o que você não tem. Tomar uma quantidade maior de vitaminas ou minerais do que a realmente necessária é desperdício e, em alguns casos, pode ser prejudicial. Em razão do surgimento desordenado e da variedade cada vez maior de vitaminas, minerais, remédios de ervas e outros suplementos mais exóticos encontrados nas lojas, a orientação de um nutricionista, homeopata ou naturopata pode ajudar a avaliar suas necessidades individuais e poupar despesas desnecessárias com suplementos inúteis ou não aprovados.

Barulhos

Barulhos altos perburbam o sono. Isso é natural, e está incorporado em nós como em nossa espécie, porque barulhos altos e inesperados muitas vezes significam perigo e precisamos estar despertos e alertas para lidar com ele. Nossa sensibilidade ao barulho varia. Algumas pessoas podem dormir durante uma festa, mas acordam quando o filho chora. Pessoas que dormem perto de barulho excessivo deveriam tentar diminuir o som. Barulho alto, como o de aviões e de ruas movimentadas, pode interferir na tranqüilidade do sono, mesmo em pessoas que não acordam e não lembram do barulho na manhã seguinte. As pessoas que dormem perto de barulho excessivo deveriam tentar colocar cortinas pesadas no quarto ou usar protetores de ouvido para ter um sono repousante. Os protetores de ouvido são particularmente úteis para abafar ruídos perturbadores próximos de você, como o som do ronco de seu parceiro. As cortinas pesadas também podem bloquear a luz incômoda.

Muitas vezes não é o som, mas a sua qualidade – como nós o interpretamos e o percebemos – que o torna desagradável. Por exemplo, medido em decibéis o som das ondas batendo na praia ou o som de uma queda d'água pode ser tão alto quanto o ruído perturbador do trânsito, mas para muitas pessoas esses sons são relaxantes e induzem ao sono. Algumas pessoas acham que podem lidar melhor com o barulho de fora criando o próprio som ambiente – escutar músicas relaxantes com fones de ouvido ou deixar o rádio ligado em músicas suaves ao lado da cama pode bloquear o barulho indesejável.

Antecipando o barulho

Freud mostrou que quando estamos ansiosos, infelizes ou com medo somos mais sensíveis ao barulho. Dessa maneira, um ciclo pode se estabelecer. Antecipar o barulho pode nos deixar ansiosos e nos impedir de dormir. Quando o barulho realmente acontece, estaremos ainda mais sensíveis a ele, percebendo-o como mais alto do que normalmente.

Vizinhos barulhentos

Vizinhos barulhentos podem nos enfurecer, e a raiva fará você ficar desperto tanto quanto o barulho. Muitas vezes, o problema tem tanto a ver com um sistema de isolamento de som ineficaz quanto com o nível real do barulho, particularmente em apartamentos. Se você não puder melhorar seu sistema de isolamento de som e o barulho for regular e alto, converse com calma sobre isso com os vizinhos. Se você ainda não os conhece bem, criar relações amigáveis com a pessoa causadora do barulho pode tornar o distúrbio menos ameaçador e sempre é possível algum tipo de negociação. A sua atitude pode fazer muita diferença ao nível de sua perturbação. Dizer a si mesmo que está sendo perturbado por pessoas inconvientes e sem consideração só fará o problema piorar.

Da próxima vez que o barulho começar quando estiver indo para cama, você tem uma escolha. Pode ficar zangado e tenso, ou pode tentar enfrentá-lo de maneira diferente. Tente, por exemplo, suportar o barulho sem acrescentar a ele nenhum tipo de pensamento emocional sobre o egoísmo das outras pessoas.

Relaxe o corpo, respire fundo e regularmente. Saber que terá o descanso físico que você precisa pode reduzir sua ansiedade. Ficar excitado com isso só tornará a insônia mais provável.

Um quarto relaxante

Seu quarto deve ter temperatura agradável, conforto e atmosfera tranqüila.

Cores

As cores não apenas influenciam nossos sentidos visuais, elas também nos afetam individualmente – achamos que algumas cores são estimulantes, outras relaxantes.

A cama

Sua cama deve ser confortável e o ideal seria ter um colchão firme, mas não demasiado duro. Os colchões macios não são bons para a coluna. É melhor dormir com um único travesseiro que mantenha seu pescoço em um ângulo mais natural. Algumas pessoas acreditam que travesseiros de ervas ajudam a dormir. Você pode comprá-los em lojas de produtos naturais.

Ar fresco

O seu quarto deve ter uma temperatura amena – nem quente demais nem frio demais. Você acordará à noite se sentir muito frio ou muito calor. Deve haver circulação de ar fresco, mas que não deixe o quarto frio demais. Se prefere dormir com a janela fechada, tente então deixá-la um pouco aberta antes de ir dormir.

Tecidos naturais

Nos últimos anos queixas como dores de cabeça, depressão, estresse, coceira e náusea foram relacionadas a fatores como luz artificial, ar-condicionado, janelas que não podem ser abertas e eletricidade estática provocada por materiais e tecidos sintéticos. Alguns desses fatores podem afetar sua casa, particularmente se você for sensível a eles. Um número crescente de tecidos sintéticos é usado nos móveis, roupas de cama e de dormir, portanto procure ter tecidos mais naturais em seu quarto.

ATACANDO O HÁBITO DA INSÔNIA

Mantendo um diário do sono

Um dos primeiros passos para lutar contra a insônia é descobrir quanto sono efetivamente você obtém à noite – as estimativas que fazemos na manhã seguinte são notoriamente imprecisas. Uma maneira de descobrir o quanto você dormiu e qual o seu padrão de sono é manter um diário do sono durante pelo menos duas semanas. Essa pode ser uma tarefa aborrecida, mas é importante. Vai valer a pena para ajudá-lo a superar a insônia. Ao manter o diário você também poderá descobrir se algum evento diurno afetou o seu sono à noite.

Para fazer o seu diário do sono marque uma folha de papel como no diagrama a seguir e mantenha o diário e um lápis próximo da cama. Você pode usar alguma luz, como a do despertador, ou talvez queira usar um pequeno abajur ou lanterna. Primeiro anote a hora em que foi para a cama. A seguir, faça um sinal no espaço correspondente, a cada dez minutos durante a noite. Se você perdeu uma etapa de dez minutos, então estava dormindo. Saber disso pode deixá-lo menos preocupado e fazer com que durma melhor. Anote a hora em que acordou de manhã e depois a hora em que levantou. Assim, terá um registro completo de sua noite de sono. A partir do diário você poderá somar os momentos em que esteve acordado durante a noite e subtraí-los de seu tempo total de sono.

O método de "controle de estímulo"

Uma boa maneira de tratar a insônia habitual ou "condicionada" é uma técnica usada na psicologia comportamental chamada "controle de estímulo". O procedimento, que consiste de uma série de orientações especificadas abaixo, ensina a associar cama e hora de ir para cama com sono e apenas sono.

1. Use a cama e o quarto apenas para dormir e fazer sexo.
2. Sempre acorde à mesma hora, incluindo os finais de semana e feriados. Talvez você se sinta tentado a ficar deitado porém, se dormir mais sono do que precisa, será mais difícil pegar no sono à noite.

Diário do sono
SEMANA 1

Medicação	Data	Hora de ir para a cama	Tempo desperto à noite	Hora de acordar	Total	Comentários da noite

3. Não durma durante o dia.
4. Não vá para a cama antes de estar realmente com sono.
5. Se não conseguiu pegar no sono 20 minutos depois de estar deitado, não fique se virando na cama: levante e faça alguma coisa em outro cômodo da casa. Não volte para a cama até realmente sentir-se pronto para pegar no sono. A mesma coisa se aplica se você acordar no meio da noite por mais de dez minutos. Não associe o seu quarto a ficar acordado na cama.
6. Não deixe suas preocupações sobre não dormir aumentarem sua ansiedade, dificultando ainda mais o seu sono.

PREPARANDO-SE PARA DORMIR

Fazendo uma separação bem definida entre as atividades do dia e da noite

Tente fazer uma separação bem nítida entre suas atividades do dia e da noite bem antes de ir para a cama. As horas do dia são para ação e atividades, enquanto as horas da noite são para descanso e relaxamento. O sono não vem quando a mente está alerta e ocupada com os problemas do dia nem quando o corpo está tenso e pronto para a ação. Estabeleça um período no começo da noite para desacelerar. Se não conseguir estabelecer uma parada bem definida no dia e nas atividades relacionadas ao trabalho no final de um dia normal, tente pelo menos separar duas horas para um "período de descanso" antes de ir para a cama.

À noite, sua mente deve estar afastada dos problemas do dia. Depois de um dia de trabalho, ela precisa ocupar-se, mas com atividades relaxantes, prazerosas e suaves, portanto tente evitar demasiada estimulação mental durante a noite, como conversar sobre problemas familiares ou planos de trabalho, ou trabalhar até tarde da noite. Descubra o que o ajuda a desligar-se das preocupações do dia e relaxar. Faça coisas de que gosta, como conversar com amigos, ficar com a família, ler ou outros hobbies que o ajudem a relaxar. Algumas pessoas gostam de relaxar assistindo televisão, mas fazer isso passivamente não funciona tão bem quanto escutar música, ler ou relaxar com os amigos. A distração é importante, pois o relaxamento passivo às vezes apenas mascara problemas e preocupações que podem voltar assim que a atividade passiva é encerrada.

Se você tiver dificuldades para se desligar das preocupações do dia, tente fazer uma lista de todos os problemas que estão em sua mente e depois se proponha a enfrentá-los no dia seguinte e não se afligir com eles durante a noite. Escreva-os em um pedaço de papel, e se outros surgirem em sua mente durante a noite, acrescente-os à lista. Se for necessário ter discussões familiares difíceis, encerre-as no começo da noite. Se os problemas não forem resolvidos, escreva o que ainda precisa ser discutido e estabeleça uma hora determinada para continuar a discussão em outro momento e não na cama. O mesmo se aplica a qualquer coisa que o esteja preocupando. Anote-a, com qualquer decisão que possa ter tomado a respeito de como lidar com ela, depois deixe-a de lado até o dia seguinte.

ESTABELECENDO UMA BOA ROTINA PARA A HORA DE DORMIR

É importante, especialmente se estiver sofrendo de insônia há algum tempo, criar uma rotina regular para a hora de dormir. Como vimos no programa de controle de estímulo, isso significa estabelecer um horário separado para a cama e o sono. Mantenha sua hora de ir para a cama tão regular quanto possível, mesmo que isso signifique deixar de assistir o final de um programa de televisão interessante. Tente ir para a cama à mesma hora toda noite e levantar à mesma hora, mesmo se tiver dormido mal a noite anterior. Seja rígido a esse respeito, especialmente nos finais de semana, quando pode ficar tentado a dormir mais. Isso pode ser difícil no começo, quando sua nova rotina talvez implique em ir deitar quando ainda não está com sono e levantar cansado e querendo ficar "só mais alguns minutos" na cama. Entretanto, enfrentar o problema da insônia é como qualquer outra aprendizagem ou treinamento de uma nova habilidade. Talvez você precise de algumas semanas para que o corpo e a mente se acostumem com o novo padrão, mas o que parecia tão difícil no começo torna-se fácil. Se você acha muito difícil acordar, uma estratégia é colocar um despertador cujo alarme soe bastante alto do outro lado do quarto, antes de ir para a cama. Assim, será necessário levantar para desligá-lo. Ao se levantar, acenda imediatamente a luz e ligue o rádio.

O programa de controle de estímulo dá ênfase ao fato de o quarto ser um lugar exclusivamente para dormir. Não assista televisão, nem escute rádio, escreva cartas, trabalhe, fume, coma ou beba na cama. A única exceção é fazer sexo – você pode ter atividades sexuais na cama sem perturbar seus padrões normais de sono. Ao reservar a cama unicamente para dormir e fazer sexo você não mais a associará com atividades que realiza quando está desperto. O simples ato de ir para a cama enviará uma mensagem para o cérebro e para o corpo de que é hora de dormir. Contudo, algumas pessoas acham que ler na cama afasta a mente das preocupações do dia e ajuda a dormir. Quando estiver treinando para dormir melhor, é importante permanecer com o sistema que escolheu o tempo suficiente para prová-lo adequadamente. Se você escolheu o programa de controle de estímulo, mantenha-o durante pelo menos um mês antes de tentar outra coisa.

Desacelerando a mente

Depois de estabelecer uma separação nítida entre as atividades do dia e da noite, crie uma rotina de desaceleração mental e física durante cerca de uma hora antes de ir para a cama. Faça dessa hora um momento para afastar-se do dia e de seus estresses. Faça o que lhe dá prazer, como ler tranqüilamente ou escutar suas músicas favoritas.

Relaxando o corpo

Antes de ir para a cama, é importante que seu corpo e sua mente estejam relaxados, portanto uma clara separação também deve ser feita para o corpo, entre as atividades diurnas e noturnas. Evite fazer exercícios físicos cansativos à noite. Eles podem estimulá-lo e dificultar o sono. Entretanto, se você passa o dia fisicamente inativo, um pouco de exercício leve pode ser útil para aliviar as tensões físicas e mentais. Uma caminhada tranqüila, por exemplo, pode ajudá-lo a relaxar, se passou o dia confinado.

Talvez descubra que fazer exercícios de relaxamento à noite ajuda seu corpo a livrar-se das tensões e a preparar-se para dormir. Tente praticar o exercício seguinte para passar de um estado para outro.

Exercício de relaxamento

Respire suave e lentamente, deixando o ar sair mais por inteiro do que ao inspirá-lo. Deixe o peito se encher de ar de maneira natural e sem esforço, mas solte completamente o ar. Cada vez que expirar, sinta sua "prontidão" para a ação saindo. Comece com as coxas e as pernas e sinta-as ficando cada vez mais pesadas e quentes a cada expiração. Lentamente, consiga o mesmo efeito em cada músculo de seu corpo, sentindo e desfrutando a sensação de peso e calor que fica quando a tensão se vai.

Sinta suas costas, ombros, cabeça e pélvis afundando cada vez mais na cama enquanto continua a respirar suave e lentamente. Vá acalmando de forma gradual a sua respiração até ela ficar inaudível e você estar imóvel. Tente não pensar no sono. Nesse estado, pesado e relaxado, o sono virá naturalmente.

Banho

Um banho morno à noite é relaxante e pode aliviar os estresses físico e mental do dia e ajudá-lo a dormir. Tome um banho morno, mas não quente demais, pelo menos cerca de uma hora antes de ir dormir, pois o banho quente, especialmente à noite, pode ter o efeito oposto e despertá-lo. O banho com preparados de ervas e aromaterapia é especialmente agradável e indutor do sono. Os óleos adequados de aromaterapia incluem lavanda, camomila, lúpulo. Fique algum tempo no banho para poder se beneficiar totalmente do efeito tranquilizante enquanto relaxa, respirando o vapor ao mesmo tempo que seu corpo absorve os óleos.

CONTROLANDO AS PREOCUPAÇÕES E ESTIMULANDO UM SONO MELHOR

Preocupar-se pode ser útil durante o dia porque é um processo que usamos para resolver os problemas. Contudo, você não conseguirá se desligar e entrar em um estado de descanso propício ao sono, se for para a cama preocupado com os problemas do dia que passou ou tentando resolver aqueles do dia seguinte. A noite não é o momento ideal para lidar com as ansiedades, arrependimentos e soluções de dificuldades. Para um bom sono à noite é importante lidar durante o dia com os problemas de trabalho não resolvidos. Assim que começar a agir de algum modo, ainda que seja apenas decidindo agir, isso será um começo para resolver o problema durante o dia em vez de deixar sua mente se preocupar com ele à noite.

Algumas pessoas não estão particularmente preocupadas com alguma coisa, mas têm uma mente muito ativa. Muitas aceitam isso e com freqüência usam o tempo em que estão deitadas para pensar em algumas idéias e planos. No entanto, outras acham que seus pensamentos são desagradáveis, tristes ou ansiosos. Em vez de ficar em um estado propício ao sono, sua mente repassa acontecimentos passados, oportunidades não aproveitadas ou a felicidade perdida. É preciso lidar com esses fatos, mas a cama não é o lugar adequado para isso. Conversar com alguém – seja um amigo, companheiro ou conselheiro profissional – sobre seus problemas é um bom começo para ajudá-lo a lidar com eles.

TÉCNICAS PARA LIDAR COM PREOCUPAÇÕES NOTURNAS

Diálogo interno

Um dos melhores métodos para romper hábitos prejudiciais é começar a substituí-los por outros mais úteis. A primeira coisa é reconhecer de que maneira seu padrão de pensamento ou comportamento está prejudicando seu sono.

Como você fala consigo mesmo e com os outros sobre seu sono? Se você se rotula como "insone" e, cada vez que vai para a cama, diz a si mesmo que não conseguirá dormir, está apenas reforçando o hábito que o faz ficar acordado. É possível mudar esse pensamento a partir do momento em que, ao invés de continuar a dizer a si mesmo e aos outros que tem insônia, você decidir acreditar que agora está a caminho de melhorar o seu sono.

Embora seja difícil admitir, às vezes é possível ganhar alguma coisa com a insônia. Os psicólogos chamam isso de "ganho secundário" – por exemplo, quando uma criança fica "doente" para obter a atenção e o amor dos pais. Igualmente, a insônia pode evitar que a pessoa tenha de enfrentar outros problemas, aceitar novos desafios ou qualquer outra coisa que possa implicar mudanças. Isso não significa que ela está escolhendo dormir mal de propósito, mas que pode haver um ganho secundário nisso. Se você acha que esse é o seu caso, tente o exercício seguinte:

Exercício de diálogo interno

Primeiro, feche os olhos e imagine-se dizendo a si mesmo e à sua família e colegas de trabalho como você dorme bem. O que sente quando diz isso? Agora, imagine como sua vida seria diferente, como você seria diferente e qual seria a reação das outras pessoas perante você. No começo, essas afirmações podem ser desconfortáveis porque não são verdadeiras.

Comece notando seus pensamentos habituais sobre a insônia. Em especial, procure frases que iniciem com "Eu sempre" ou "Eu nunca" – por exemplo, "Eu sempre acordo cansado", "Eu sempre fico horas acordado no meio da noite" ou "Eu nunca vou conseguir ter uma noite inteira de sono". Embora lhe pareçam verdadeiras, elas talvez não sejam realmente verdadeiras.

Verifique todos os seus pensamentos relacionados ao sono e anote-os. Muitos serão tão automáticos que às vezes demora um pouco até você percebê-los. Depois que souber quais são esses pensamentos, poderá questioná-los e substituí-los por outros mais úteis. Esse é o passo seguinte – substituir seus pensamentos negativos por outros positivos.

Os pensamentos positivos sobre o sono podem ser "Agora estou aprendendo a dormir melhor" ou "O sono melhor virá com o tempo". Certifique-se de que pode acreditar em suas novas afirmações. Ir ao outro extremo e dizer "Vou dormir perfeitamente esta noite" talvez não funcione e crie mais tensão, enquanto uma afirmação como "Vou escolher esta noite para começar" pode realmente fazê-lo dormir melhor essa noite.

O processo de mudança é: observar – parar – mudar

Observar o que diz a si mesmo e começar a examinar suas crenças a respeito do seu sono e de si mesmo.

Parar de pensar em si mesmo como insone e começar a se ver trilhando o caminho para um sono melhor.

Mudar seu diálogo interno. Assim que perceber que exerce algum controle sobre seu pensamento e suas reações a esses padrões de pensamento, conseguirá diminuir muitos dos obstáculos para uma noite de sono tranqüilo.

Distração

A distração é uma das técnicas mais úteis para desviar a mente das preocupações. Se o corpo está relaxado, mas a mente ainda está ativa e o impede de dormir, treine para se concentrar em outra coisa.

Uma técnica de distração é inventar tarefas mentais que manterão sua mente ocupada e entediada o bastante para fazê-lo dormir. Isso inclui velhos truques como contar carneiros, contar de trás para a frente a partir de 200 ou relacionar em ordem alfabética nomes de flores ou títulos de livros. Você também pode recitar para si mesmo o verso de um poema ou a letra de uma música, repetidamente.

Escutar rádio tem sido a salvação de muitos insones. Para algumas pessoas, no entanto, isso tem uma desvantagem, porque, se o programa for realmente interessante elas podem ser estimuladas e ficar acordadas para escutá-lo.

Se preocupações vierem à sua mente, tente apenas deixá-las de lado, sabendo que lidará com elas em um momento mais apropriado. Se persistirem, anote-as e abandone-as. Concentre-se na respiração. Inspire pensando em calma, paz e tranqüilidade – e depois deixe o ar sair juntamente com a preocupação.

Usando imagens mentais

Uma técnica útil que pode ajudar é usar imagens para ativar as ondas alfas que precedem o sono. Por exemplo, você pode imaginar ou recordar uma cena particularmente agradável ou relembrar um filme favorito.

Escutando seus pensamentos

Outra maneira de lidar com pensamentos negativos ou ansiosos é não resistir a eles, mas escutá-los de uma maneira objetiva, como se estivesse escutando um programa de rádio, em vez de desperdiçar energia tentando encontrar soluções para eles. Lembre-se: quanto mais agradáveis e menos ansiosos os seus pensamentos, maior a probabilidade de relaxar e pegar no sono.

TÉCNICAS PARA LIDAR COM PREOCUPAÇÕES NOTURNAS ESPECÍFICAS

Se você está ficando acordado em virtude de problemas específicos, aprenda a lidar com eles durante o dia para não levar para a cama assuntos inacabados. Encontre um tempo durante o dia ou no começo da noite para fazer uma lista das preocupações ou ansiedades que o estão mantendo acordado. Uma vez detectado o problema, escreva o que pode fazer a respeito. Se estiver preocupado com uma entrevista de emprego, planeje as medidas que pode tomar para se preparar. Se esta for uma empreitada difícil – o que você pode fazer a respeito? Pense em alternativas. Deixe sua mente vagar e veja que opções podem surgir.

Uma técnica útil é ensaiar usando a imaginação. Tente o seguinte: depois de ter decidido que ação tomar, feche os olhos por alguns minutos e veja-se realizando-a. Se estiver ansioso sobre determinado acontecimento no futuro, imagine-se lidando com ele de maneira calma e bem-sucedida. Tente não imaginar todas as dificuldades que podem surgir. Idealize o cenário muito claramente. Veja a si mesmo com seu problema resolvido, ou tendo conseguido realizar o que temia fazer. Imagine-se contando a alguém a respeito e escutando os elogios. Não se preocupe se não conseguir visualizar claramente, mas tente conceber algum tipo de imagem. Imagine como se sentirá – aliviado, contente consigo mesmo, não mais ansioso. Dessa maneira você está ensinando a sua mente que as soluções são possíveis e que a ansiedade, a hesitação ou o adiamento não são as suas únicas opções. Depois, feche seu diário e coloque-o na gaveta – ou deixe-o na sala – e assim você irá para a cama sabendo que fez tudo o que podia fazer. Ao guardar a sua lista, você está dizendo à sua ansiedade que isso é tudo por hoje.

Interrupção de pensamentos e contagem da respiração para silenciar as preocupações

Se você estiver remoendo sem parar as mesmas preocupações em vez de dormir, grite mentalmente "Pare!", belisque-se e concentre-se intensamente em sua respiração. Respire devagar e suavemente, contando a cada vez que inspira e expira – inspire no um, solte o ar no dois, inspire no três, solte o ar no quatro, e assim por diante. Cada vez que a preocupação invadir seu pensamento, repita "Pare!" e comece novamente a contar a respiração. Concentre-se no aqui-e-agora e em sua respiração.

IR PARA A CAMA E NÃO CONSEGUIR DORMIR

Ao usar o programa de controle de estímulo você pode se treinar a aceitar que a cama é o lugar para o corpo e a mente relaxarem e deixar de se preocupar. Fique na posição mais confortável possível, sabendo que sua mente logo o fará dormir. Não *tente* pegar no sono. Em vez disso, saiba que fez tudo certo para dormir bem e o sono virá no seu devido tempo. Mesmo uma pessoa que dorme bem demora, em média, cerca de 15 minutos para pegar no sono. Se ainda estiver acordado após 20 minutos, levante, vá para um cômodo diferente da casa e faça alguma coisa – tome uma bebida quente, leia, escreva uma carta – até se sentir sonolento o bastante para retornar à cama. O mesmo se aplica se você acordar no meio da noite. A pior coisa que você pode fazer é ficar revirando-se na cama, preocupando-se ou remoendo pensamentos. Uma paciente passava roupa nesses momentos. Essa era uma tarefa da qual não gostava e ela descobriu que, assim que preparava a mesa para começar a passar, a sonolência logo a dominava! Algumas pessoas que se consideram mais criativas à noite apreciam a oportunidade desse tempo extra e não perdem o sono.

APRENDENDO A ENFRENTAR O DESPERTAR NOTURNO

Tente não ficar preocupado se ocasionalmente despertar durante a noite. Se você acordar e começar a inquietar-se por isso ficará ainda mais alerta e terá mais dificuldade para voltar a dormir, confirmando sua crença de que não consegue dormir. Depois de um tempo você pode tornar-se sensível a esse despertar noturno, ficando rapidamente alerta e tendo dificuldade para voltar a dormir apesar de tentar. É assim que o problema do despertar noturno começa e depois continua ou piora, pois você espera acordar à noite, preocupa-se com isso e fica cada vez mais preocupado com a idéia de estar cansado na manhã seguinte. É importante lembrar que você ainda está descansando, caso estiver consciente de estar desperto mas sentir-se sonolento e relaxado.

Se você acordar durante a noite e tiver dificuldade para voltar a dormir, é melhor levantar do que ficar revirando na cama. De preferência vá para outro cômodo e faça algo relaxante para distrair-se até começar a sentir-se sonolento outra vez, e então volte para a cama. Algumas pessoas acham que fazer palavras cruzadas ou tricô pode ajudar, enquanto outras preferem ouvir rádio ou uma música tranqüila. É importante que você encontre uma atividade relaxante que lhe seja adequada. Deve ser algo que não exija muito, porque isso pode ser estimulante e mantê-lo alerta demais para dormir. Se perceber que sua mente está remoendo problemas ou pensando nas tarefas que terá de realizar no dia seguinte, uma boa idéia é adaptar a "lista de preocupações" ou "lista de tarefas a fazer" usada para lidar com os problemas no período de relaxamento antes de ir para a cama. Algumas pessoas acham útil manter a lista ao lado da cama; assim, se surgir uma preocupação, podem acrescentá-la à lista de problemas a ser verificada na manhã seguinte.

O ritmo de duas horas de sono: acompanhe o fluxo!

Os períodos de sono profundo e de sono leve se alternam a cada duas horas, embora isso possa variar de um indivíduo para outro. Se você desperta durante a noite e permanece acordado, não fique se preocupando. Levante e tome uma bebida quente. Você tem bastante tempo antes de chegar ao próximo período de sono profundo. Quando se sentir sonolento, volte para a cama e deite outra vez, ficando acomodado e pesado como antes e concentrando-se não em dormir, mas em ficar o mais relaxado possível para que o trabalho de descanso e recuperação do corpo continue. Nesse estado, o sono naturalmente segue o ritmo natural de duas horas de períodos de sono profundo do corpo.

OUTRAS ESTRATÉGIAS PARA VENCER A INSÔNIA

Intenção paradoxal

Se você já tentou todas as maneiras habituais para vencer a insônia descritas neste capítulo e não teve muito sucesso, outras estratégias podem ser mais úteis. Uma delas é a "intenção paradoxal". Isso implica fazer o oposto daquilo que deseja. No caso do sono, implica ficar na cama tentando não dormir. Se você vai ficar acordado na cama preocupando-se porque não está conseguindo dormir, pode muito bem tentar não dormir – pelo menos não ficará preocupado com isso! O raciocínio por trás dessa atitude é de que isso afasta a preocupação – que é a principal responsável por mantê-lo acordado. Outra razão é que é extremamente difícil ficar acordado depois de certo tempo e, portanto, no final você acabará pegando no sono apesar de seus esforços em contrário. Assim, você será capaz de começar a romper a ligação entre a preocupação e o sono.

Se ainda achar difícil pegar no sono e continuar preocupando-se com sua insônia, é aconselhável procurar um especialista em clínicas do sono em que os padrões de sono podem ser monitorados com precisão durante uma noite e assim poderá ser feita uma avaliação completa fisiológica e psicológica da natureza do seu problema.

Restabelecendo padrões de sono interrompidos

Uma medida ainda mais rigorosa pode funcionar para quem sofre de insônia pelo estabelecimento de uma ruptura difícil de ser eliminada em seu padrão de sono. Com freqüência, são inúmeros os estilos de vida irregulares que acarretam esse tipo de problema. Estudantes que ficam estudando até tarde antes das provas, mantendo-se deliberadamente despertos, podem ter dificuldade para voltar a um padrão normal de sono depois de encerrado o período de exames. Cuidar de um bebê ou de um parente doente também pode estabelecer padrões irregulares de sono. Na verdade, qualquer tipo de crise que afeta nossa vida pode perturbar nossos padrões normais de sono. Geralmente, voltamos ao padrão habitual depois que as coisas retomam seu curso normal. Contudo, algumas vezes o padrão rompido se afirma e é difícil restabelecer o padrão anterior. Quando todas as outras tentativas de restabelecer os padrões normais fracassaram, as pessoas às vezes são aconselhadas a dedicar cerca de uma semana de sua vida para lidar com o problema. São orientadas a ficar acordadas cerca de duas ou três horas extras à noite, todas as noites daquela semana, até atingirem uma hora razoável de ir para a cama. Em outras palavras, o relógio biológico é reajustado. Tentar restabelecer um padrão de sono indo para a cama mais cedo a cada noite não funciona.

ORIENTAÇÕES PARA UMA BOA NOITE DE SONO

Ao começar a lidar com o problema de insônia, talvez você ache útil verificar se está seguindo estas orientações:

1. Lidar com suas ansiedades específicas durante o dia ou logo no começo da noite e nunca mais tarde ou na hora de ir para a cama.
2. Evitar alimentos e bebidas estimulantes à noite, incluindo café, chá e álcool.
3. Evitar atividades estimulantes à noite, incluindo exercícios intensos, trabalhos e discussões.
4. Estabelecer uma rotina para desligar-se das atividades antes de ir para a cama. Passar a última hora antes de ir para a cama preparando-se para dormir, incluindo um pouco de relaxamento e um banho morno.
5. Certificar-se de que sua cama é adequadamente confortável.

Certificar-se da ausência de ruídos que possam perturbar o seu sono.

CAPÍTULO 4

Realizando mudanças (1): adquirindo um estilo de vida mais equilibrado

A vida moderna não estimula os ritmos naturais de dormir–despertar. Começamos a trabalhar sempre à mesma hora durante o ano inteiro, esteja claro ou escuro. As idas para o trabalho são, em geral, desconfortáveis e frustrantes. O ambiente nos escritórios com freqüência é carregado e insalubre. O almoço, muitas vezes, é apenas um sanduíche rápido. Para tentar relaxar vamos a bares e clubes barulhentos. Não é de admirar que nossos sistemas físico, mental e emocional não acompanhem os ritmos naturais de nosso corpo.

As pessoas ocupadas precisam não de mais mas de menos atividades em suas agendas. Você pode ter desenvolvido o padrão de "fazer" ou "estar em movimento" constante e assim "fazer nada" não consta de sua agenda diária – e, na verdade, pode parecer até ameaçador. Contudo, o "fazer nada" e conceder a si mesmo tempo e espaço para pensar, sonhar acordado ou simplesmente dar uma caminhada pode ser exatamente o que você precisa. Mas, por favor, lembre-se: se você for perfeccionista ou superestressado, não se estresse ainda mais estabelecendo metas impossíveis para si mesmo! Decida quais são as mudanças mais importantes a serem feitas e faça-as. Assim que sua saúde física e mental começar a recuperar um equilíbrio melhor, as outras mudanças, muitas vezes, acontecem naturalmente.

LIDANDO COM O ESTRESSE

Automonitoramento – mantendo um diário de estresse

O primeiro passo para enfrentar o estresse é, antes de mais nada, descobrir o que o deixa ansioso. Pode ser útil manter um diário de sentimentos, pensamentos e sintomas de ansiedade à medida que aparecem em seu cotidiano. Dessa maneira você pode começar a observar os eventos e as situações que lhe provocam estresse. Para começar, utilize uma página com três colunas. Na primeira coluna, anote o que aconteceu antes de você ficar estressado; na segunda, o que acontece quando você fica ansioso – como seu corpo reage, os sintomas de ansiedade e os pensamentos que passam por sua mente; na terceira, o que ocorre depois que o evento termina – o que faz você se sentir pior ou melhor. Os sintomas de ansiedade não são apenas sintomas – geralmente as pessoas ficam ansiosas por boas razões.

Estudo de caso: Sue

Quando Sue chegou à clínica do sono achou difícil relacionar seus elevados níveis de ansiedade durante o dia à dificuldade para dormir à noite. Ela não sabia por que ficava ansiosa; só sabia que apresentava sintomas de ansiedade como suor e palpitações. Encorajei-a a manter um diário de estresse no qual poderia anotar o que aconteceu antes e depois de sofrer os sintomas de ansiedade. Depois de algumas sessões emergiu um padrão que também ajudou a esclarecer melhor por que ela não conseguia dormir à noite.

As seguintes anotações de seu diário de estresse revelam como sua apreensão geral com relação a sair de casa era aumentada pelo café que tomava. Depois de ter os sintomas, deitava-se, ficava mais calma e dormia. Quando acordava ficava chateada por não ter conseguido sair, o que a fazia sentir-se ainda mais inadequada. Ao evitar a situação, ela não apenas piorava a sua ansiedade, mas, ao dormir durante o dia, também dificultava seu sono à noite, o que aumentava ainda mais suas inquietações no dia seguinte.

O diário de estresse de Sue

Data e hora	O que aconteceu antes	Sintomas	O que aconteceu depois
	Preciso sair	O coração acelera	Decido não sair
	Bebo café	Calor, suor – "Eu não consigo" assustada	Deito – durmo

Com o diário, Sue começou a perceber que seu ataque de ansiedade estava relacionado aos pensamentos sobre ir ao *shopping* e, provavelmente, não melhorava com o café – que é estimulante e certamente piorava os sintomas. Ao continuar a monitorar a sua ansiedade, usando o diário, outras fontes menos óbvias de estresse podem emergir. Se você não tem certeza do que pode estar causando a sua ansiedade, manter um simples diário pode ajudá-lo a descobrir o padrão.

Faça um diário de sua tensão ou ansiedade durante o dia

Dê uma nota de 0 a 8 à sua tensão e anote ao lado da situação. Comece a identificar as situações em que sua tensão está elevada. Depois que começar a reconhecer o aumento na tensão, é hora de colocar em prática as técnicas para diminuí-la.

Como enfrentar a falta de estímulo da reação de estresse

Algumas pessoas têm dificuldade para dormir à noite devido ao seu ritmo de vida. Como não gastam energia física e mental suficientes durante o dia, não conseguem ter uma boa noite de sono. Examine suas atividades diárias e veja se está fazendo exercícios físicos e obtendo estímulo mental.

Se você está insatisfeito, comece a pensar no que poderia fazer no próximo mês e que seja realmente um desafio. Escreva uma lista de possibilidades, coisas que você pensou em fazer mas nunca levou adiante. Às vezes, negamos a nós mesmos o que realmente desejamos dizendo que isso é impossível. Ou então tentamos nos justificar, ou porque a idéia de mudança é ameaçadora ou porque já adquirimos o hábito da renúncia.

Como mantemos e pioramos a ansiedade

Precisamos de um pouco de ansiedade para nos fazer ir em frente e nos estimular para a ação. Somente quando ela atinge o estágio em que começa a trabalhar contra nós é que a ansiedade, em si, torna-se um motivo de preocupação. A melhor maneira de lidar com qualquer medo ou ansiedade é enfrentá-los. Tentar ignorá-los ou evitá-los só piora as coisas. Há três métodos muito utilizados que podem piorar a ansiedade:

- evitação
- fuga
- tranqüilização

Quanto mais fugimos e/ou evitamos os eventos que nos deixam ansiosos, mais se prolonga nossa ansiedade. Isso pode nos levar a sofrer ataques de pânico leves ou graves – pequenos surtos de ansiedade intensa – ou mesmo a desenvolver fobias a determinados eventos ou situações. Como a evitação e a fuga, a tranqüilização diminui a ansiedade a curto prazo. Como a ansiedade diminui, ficamos aliviados. No entanto, como o alívio é agradável, atua então como um prêmio para o nosso sistema de estimulação e assim nossa ansiedade é mantida. Repetiremos o mesmo padrão da próxima vez que enfrentarmos uma situação semelhante e nos sentiremos ainda mais ansiosos. Investigue o que o está deixando ansioso nessas situações e tente encontrar maneiras melhores do que a evitação, a fuga e a tranqüilização para lidar com elas.

TÉCNICAS SIMPLES DE PRIMEIROS SOCORROS

Controle da tensão

Quando estamos extenuados e sofrendo de estresse, precisamos dar um descanso ao nosso sistema para que ele possa voltar ao normal e estar pronto para lidar com a próxima crise. Essa não é uma tarefa simples. Apenas dizer a alguém para "relaxar" não funciona.

Mais adiante, examinaremos algumas técnicas de relaxamento com detalhes, mas a primeira coisa a ser feita é perceber os sintomas físicos imediatos. Se você introduzir em sua rotina diária alguns exercícios simples para controlar a tensão física, verá que com o tempo se sentirá melhor e terá mais controle sobre os sintomas físicos da ansiedade.

O controle da tensão, como qualquer outra forma de exercício, melhora com a prática. Pare o que estiver fazendo, concentre-se em seus ombros, levante-os, solte-os, faça movimentos circulares com os ombros deixando os braços soltos ao lado do corpo. Como está o seu pescoço? Incline a cabeça para a frente, em direção ao peito, deixe-a girar em círculo sob seu próprio peso, mantendo os ombros relaxados. Solte sua coluna e curve-se para a frente. Agora respire dez vezes profundamente, deixando o ar sair por completo em uma longa expiração. Você vai sentir a tensão passar.

A seguir, organize o restante de seu dia, reservando pelo menos quatro momentos para praticar o controle da tensão durante cerca de cinco minutos. Aos poucos você começará a perceber os pequenos aumentos da tensão em si mesmo em vez de deixá-la se instalar. Você será mais eficiente em tudo o que faz se estiver calmo e não em um estado de tensão.

Enfrentando situações que provocam ansiedade

Podemos também aprender a vencer a ansiedade relacionada a situações ou eventos específicos. Faça uma lista de dez situações que o deixam ansioso. Classifique-as em ordem decrescente: as que o fazem sentir mais ansiedade e as que o fazem sentir menos ansiedade. Agora você pode praticar uma técnica para lidar gradativamente com a ansiedade. Escolha o último item de sua lista.

1. Relaxe
2. Imagine a situação
3. Pare de imaginar
4. Relaxe

Primeiro relaxe. Imagine a situação temida. Continue relaxando e concentre-se em diminuir seus níveis de tensão. Agora pare de imaginar e relaxe. Repita diversas vezes até que imaginar a situação não mais o faça ficar ansioso. Só passe para um item mais difícil de sua lista quando estiver completamente relaxado com relação ao item mais fácil. Selecione apenas dois novos itens a cada sessão. Classifique seu nível de ansiedade de 0 a 8.

Técnica de primeiros socorros para estimulação extrema

Existem alguns princípios de "primeiros socorros" que podem proporcionar um rápido alívio a um sistema sobrecarregado e ajudar a prevenir temporariamente maiores danos. A técnica seguinte pode ter os mesmos efeitos benéficos quer você seja uma dona-de-casa atarefada ou um gerente ocupado – pode ser particularmente útil antes de uma reunião. Se você estiver muito nervoso, seu corpo ficará tenso, seus pensamentos se tornarão confusos e desordenados e seu raciocínio será prejudicado.

Diga a todos que não quer ser perturbado durante dez minutos. Feche a porta e tire o telefone do gancho. Encontre a cadeira mais confortável da sala. Faça um alongamento completo, da cabeça aos pés, antes de sentar. Depois, sente e concentre-se na cabeça e no pescoço. Relaxe os ombros, levante a cabeça, separando assim os ossos pequenos da coluna, e olhe diretamente para a frente. Talvez você sinta "uma bola dura" entre a nuca e a base do crânio. Pressione-a. Se ela parecer tensa, a tensão precisa ser diminuída, pois ela é uma parte do sistema cerebral que ajuda a controlar a pressão sanguínea. Ela também tem a ver com a estimulação e com a informação que vai para o cérebro. Respire lenta e profundamente dez vezes, percebendo um calor na nuca à medida que faz isso. Depois de quatro dessas respirações lentas e profundas, comece a inclinar-se para a frente a cada vez que soltar o ar, curvando-se mais e mais a cada respiração, até se sentir mole como uma boneca de pano. Permaneça nesse estado por um minuto.

No tempo que ainda sobrar, fique sentado confortável e tranqüilamente, mantendo os ombros e o pescoço relaxados e soltos. Comece a desanuviar seus pensamentos. Solte a respiração suave e tranqüilamente. Acalme sua mente concentrando-se apenas na respiração. Agora fale consigo mesmo duas palavras, uma ao inspirar e outra ao expirar o ar. Por exemplo, diga "acalme-se" ao inspirar e "descanse" ou "tranqüilize-se" ao expirar. Escolha as palavras que pessoalmente achar mais úteis. Ao dizê-las para si mesmo, você estará eliminando os outros pensamentos que tentam perturbar a sua mente. Agora, pronuncie-as cada vez mais baixo até sentir os sons, sem "pensar" neles. Isso desliga os pensamentos que podem estar atravancando sua mente. Ao se aproximar do final dos dez minutos, respire profundamente mais oito vezes, sentindo como agora está revigorado e alerta tanto em sua mente como em seu corpo.

ACALMANDO

Há vários fatores que afetam a maneira como lidamos com o estresse – nossas experiências passadas e os padrões de enfrentamento que desenvolvemos baseados nessas experiências, nossos níveis de tolerância à frustração, ansiedade e preocupação, se consideramos os desafios como excitantes ou preocupantes, e os problemas sociais, pessoais e profissionais que fazem parte de nossa vida diária. Contudo, a melhor maneira de lidar com o estresse é, em primeiro lugar, evitá-lo. Aprender a controlar nosso estresse é uma maneira de conseguir isso.

1. Planejar seu tempo

Uma das coisas mais estressantes é a sensação de que nunca temos tempo suficiente para fazer as coisas adequadamente. Nós nos tornamos escravos compulsivos do relógio. O tempo parece nos governar. Para nosso bem-estar físico e mental é essencial encontrar uma maneira de administrar o tempo em vez de deixar que ele nos controle. Se tudo for feito às pressas, perdemos o prazer que poderíamos ter e, muitas vezes, ficamos com sentimentos de frustração, ansiedade e preocupação. Para evitar isso, a organização é essencial. Mantenha uma agenda de seus compromissos, reuniões e o que mais for pertinente. Calcule o tempo de preparação que você considera necessário para cada um e dê a si mesmo o tempo suficiente para preparar-se, anotando em sua agenda o seu início. Priorize as coisas mais importantes que você precisa fazer – inclusive os telefonemas – e leve em consideração o tempo que pode gastar com eles. Não se preocupe se no final do dia nem tudo tiver sido feito.

2. Dê a si mesmo um pouco de satisfação

Ao completar um conjunto de tarefas durante o dia, faça uma pausa e marque-as como já concluídas, e desfrute o sentimento de realização. Só então veja o que vem a seguir. Não se prive do prazer de ter completado uma tarefa, ficando preocupado e pressionado com o próximo compromisso a cumprir.

3. Ser realista

Fazer bem algumas coisas reduz mais o estresse do que se preocupar com uma longa lista de tarefas que você certamente não conseguirá realizar. Lembre-se de que é o prazer da realização e o retorno (*feedback*) positivo que aumentam os seus recursos para enfrentar o estresse no futuro.

4. Respeitar sua capacidade de concentração e sua curva de energia

A curva de energia de cada indivíduo é diferente. Determinadas pessoas ficam completamente despertas e cheias de energia logo ao se levantar pela manhã. Outras atingem seu pico ao meio-dia e outras, à noite. Um teste para conhecer a sua curva de energia é imaginar que você tem um exame importante e não tem tempo para estudar durante o dia. Você prefere levantar mais cedo de manhã ou ficar estudando até tarde da noite? Você escolherá naturalmente seu pico para qualquer coisa que exija concentração. Respeitar a sua curva de energia fará com que obtenha melhores resultados em menos tempo. A concentração geralmente começa a diminuir depois de 45 minutos, portanto dê uma pausa, caminhe um pouco, descanse os olhos e flexione os músculos, alongue-se e relaxe. Depois volte à sua tarefa sentindo-se revigorado. O desempenho piora depois de três horas e esse é o momento de parar para um pequeno lanche e uma bebida para recarregar o sistema energético. Nesse momento, faça um breve intervalo dedicando-se a alguma outra coisa. Por exemplo, se seu trabalho é principalmente sedentário e mental, tente fazer um pouco de exercício físico. Se puder, faça uma curta caminhada ao ar fresco. Mesmo um alongamento e uma respiração profunda melhoram a circulação livre, o que ajuda o fluxo do sangue para o cérebro e contribui para aliviar o cansaço. Não economize o tempo reservado para esses intervalos – lembre-se de que se sentirá melhor e renderá mais em seu trabalho.

5. Aprender a delegar

Aceite a ajuda dos outros, tanto em casa como no trabalho. Ao tomar decisões, tente envolver mais as outras pessoas. Lembre-se: as pessoas gostam de se sentir necessárias.

6. Alimentos e bebidas

Um estilo de vida saudável e equilibrado inclui uma boa nutrição. Os alimentos e as bebidas têm influência química direta sobre nosso corpo, sistema nervoso e humor. Alguns alimentos são, por si mesmos, mais estimulantes e outros, mais calmantes. O abuso de alimentos pouco nutritivos, café, chá ou álcool – e todos eles muitas vezes acompanham o estilo de vida estressado – afeta nossa sensação de bem-estar físico e mental. Ao mesmo tempo que estimulam as glândulas supra-renais e o sistema nervoso, esses alimentos e bebidas esgotam as vitaminas e os minerais essenciais ao corpo.

Muitas vezes recebemos mensagens contraditórias sobre o que é bom e o que é ruim para nós. Se você deseja conselhos, procure um nutricionista, dietista ou naturopata para saber quais são suas necessidades individuais. Algumas orientações gerais sobre alimentos e bebidas ajudam a estimular uma boa noite de sono (veja as páginas 72-75).

7. Dizer "não"

Ter um dia carregado de atividades pode impressionar, mas talvez você esteja pagando o preço com a ansiedade. Examine atentamente seus compromissos antes de acrescentar outros.Você tem tempo suficiente para si mesmo? Comece a reservar algum tempo durante o dia para sentir-se livre para parar e pensar ou apenas descansar.

8. Encontrar algo agradável no trabalho

Por mais tediosa que seja uma tarefa, você verá que se ela for realizada de maneira positiva, isto o fará sentir-se melhor. Pense nas coisas que irá realizar durante o dia e encontre alguma coisa que possa lhe agradar.

9. Tirar o pé do acelerador

Você não precisa passar o dia acelerado. Tente entrar num ritmo moderado. Certifique-se de não estar negligenciando suas necessidades e de estar obtendo o equilíbrio adequado entre trabalho ou atividades e descanso no decorrer do dia.

10. Tentar manter um sistema equilibrado

Há ritmos naturais de movimento e descanso que nos acostumamos a ignorar por causa das exigências que nos são feitas. Contudo, é menos estressante acompanhar esse ritmo natural do que trabalhar contra ele. Você pode começar a fazer seu próprio ritmo se encaixar em sua vida diária, mantendo o melhor equilíbrio possível entre exercício físico e

Estilo de vida equilibrado

mental, entre trabalho e relaxamento, entre atividade e sono. Quando seu corpo estiver cansado, descanse e exercite a mente. Ao realizar um esforço mental, faça um pouco de exercício físico, ainda que apenas uma pequena caminhada.

O exercício regular contribui para a saúde e o bem-estar geral e também é melhor para uma boa noite de sono do que as explosões ocasionais de entusiasmo. As pesquisas mostram que aqueles que se exercitam constantemente têm mais sono delta, profundo, do que os sedentários; quando privados de exercício, o seu sono delta diminui. Isso acontece porque o exercício acarreta ao corpo um tipo de cansaço muito diferente daquele que sentimos quando corremos para lá e para cá, ficando mentalmente exaustos, ou do cansaço que experimentamos quando estamos letárgicos, entediados e frustrados. O exercício é uma maneira de depurar o corpo dos hormônios do estresse que mantêm muitas pessoas acordadas, ansiosas e deprimidas. Também pode ajudar a purificar o corpo se estivermos tentando deixar de fumar, de beber ou de qualquer outra droga. O exercício ainda libera substâncias químicas no cérebro que podem ajudar a melhorar o humor, e algumas pessoas estão convencidas de que correr ou caminhar regularmente ajuda-as a vencer a depressão.

Que tipo de exercício?

Não tenha um súbito "impulso" entusiástico para exercício se não estiver preparado. Você pode considerar o esforço demasiado e ficar desestimulado, ou achar que não pode manter as exigências pouco razoáveis que fez a si mesmo. Em vez disso, estabeleça, aos poucos, um programa de exercícios suaves. Há muitas coisas que você é capaz de adaptar a seu cotidiano e que podem melhorar seu nível de exercícios. Tente andar em vez de dirigir, subir escadas em vez de usar o elevador. Se, normalmente, você passa a hora do almoço no restaurante, tente despender uns 20 minutos desse tempo caminhando.

Se você não gosta de exercícios, talvez seja melhor entrar para uma academia. Ter um compromisso regular com um grupo ajuda a mantê-lo motivado. Também é uma boa maneira de conhecer pessoas. Encontre o que for mais adequado para você – tênis, *squash* e golfe também são bons – e encontre algo que lhe agrade. Se estiver aposentado, o exercício ajudará a manter sua saúde. Se você passou algum tempo sem se exercitar, vá com calma, aumentando um pouco a cada dia. Se você geralmente está cansado, tente exercícios mais suaves, como ioga, que acalma a mente e o corpo. A natação e a caminhada estimulam a respiração profunda. Se você estiver ansioso ou deprimido, escolha um exercício que aprecie e que não seja uma forma de autopunição e não aumente suas tendências competitivas. As atividades como aeróbica e dança – tanto em aulas formais ou em casa – são boas para exercitar e para melhorar o humor. Seja qual for o tipo de exercício escolhido, comprometa-se a fazê-lo regularmente, vá aos poucos e aproveite!

ALCANÇANDO O EQUILÍBRIO

Tempo de prazer

A maioria de nossas atividades tem um propósito secundário – ganhar a vida ou manter a família. No entanto, algumas atividades são feitas por si mesmas, apenas porque as apreciamos. Muitos passam a maior parte de seu tempo livre ou de descanso observando outras pessoas fazendo coisas – na televisão, no cinema ou nos eventos esportivos. Quanto tempo na verdade você passa "fazendo" algo que aprecia em vez de apenas ficar "olhando"? Muitas pessoas têm talentos que são negligenciados ou subutilizados. Quer você esteja muito estressado ou não esteja estressado o suficiente, provavelmente há alguma coisa que sempre desejou poder fazer ou desfrutar – música, pintura, um curso. Talvez seja essa sua parte incompleta que está contribuindo para fazê-lo ficar acordado à noite.

Em direção à auto-realização

Você deseja desenvolver seu lado mais criativo, ou passar mais tempo com a família e os amigos – ou talvez menos, se você passa todo o tempo tentando atender às necessidades deles? Pense se está mesmo fazendo o que deseja fazer, ou haveria algum sonho que seu estilo de vida ou processos internos até agora impediram você de realizar? Se for assim, qual é o primeiro passo a ser dado? Você poderia começar escrevendo uma lista de coisas que não fez, mas gostaria de fazer, por mais extrema ou bizarra que possa parecer. Deixe as idéias fluir.

Depois de escrever tudo o que pensou, examine a lista como se tivesse sido escrita por alguém que lhe é muito caro. O que realmente é possível? Talvez seja demasiado tarde para ser uma estrela ou cantora de ópera, mas você poderia começar a fazer aulas de canto ou entrar para um coral. Você não precisa se destacar para poder sentir o prazer de espalhar tintas sobre uma tela, ou desfrutar do estímulo e companheirismo de uma aula de escrita criativa ou a diversão de fazer parte de um grupo de teatro amador. Se você estiver se sentindo mentalmente subestimulado, nunca é tarde demais para continuar sua educação, matriculando-se em cursos noturnos ou participando de cursos especiais para adultos. Ainda que não se sinta particularmente inteligente ou criativo, ou se seu ambiente domético dificulta o comparecimento em aulas, as habilidades que envolvem a mente e as mãos também podem ser satisfatórias e recompensadoras.

Há muitas pequenas coisas que podemos fazer em nosso cotidiano para mudar a maneira como vemos e vivemos as coisas. Uma amiga faz uma caminhada todo final de tarde e atribui a si mesma a tarefa de observar tudo o que vê durante a caminhada. Dessa maneira, embora percorra o mesmo caminho todos os dias, cada dia é diferente porque ela se dá ao trabalho de notar as pequenas mudanças na natureza a seu redor. No decorrer do dia, observe o que lhe dá prazer ou levanta seu ânimo, por menor que seja.

Talvez você queira ter uma vida social mais intensa. Tente dar o primeiro passo convidando as pessoas que você gostaria de ver mais. Se você for letárgico, pode ser mais útil fazer exercício do que relaxar. No entanto, se estiver estressado e correndo o tempo todo, um período regular de relaxamento ou meditação pode ser útil. A idéia é equilibrar os aspectos de sua vida que estão estimulados em excesso com aqueles que ficaram negligenciados.

CAPÍTULO 5

Realizando mudanças (2): relaxamento e meditação

O cérebro humano é dividido em dois e cada metade tem funções específicas. Geralmente, o hemisfério esquerdo controla o lado direito do corpo e lida com funções como a fala e o pensamento lógico. O hemisfério direito, que controla o lado esquerdo do corpo, é responsável pelo pensamento abstrato, sonhos, intuições e imaginação visual. Em nosso mundo orientado para o trabalho, a maioria das pessoas usa o lado lógico a maior parte do tempo, à custa do lado direito. É esse lado intuitivo do cérebro o responsável por boa parte da percepção e das soluções de problemas que nossa razão e nossa lógica não conseguiram resolver sozinhas. Quando permitimos mais atividade no hemisfério direito, as ondas do cérebro diminuem a velocidade, passando do ritmo beta ativo para o ritmo alfa que usualmente precede o sono. Então, nós ficamos mais tranqüilos e mais criativos. Esse estado da mente pode ser alcançado por meio do relaxamento e da meditação e também pelo uso de imagens mentais e visualização. Essas técnicas podem ajudar a restaurar a harmonia na vida diária e também nos capacitar a dormir melhor à noite.

RELAXAMENTO

Algumas pessoas acham difícil relaxar simplesmente porque não sabem como se dá esse processo. Muitas terapias naturais podem ajudá-lo a ter essa experiência, particularmente os tratamentos físicos como a massagem. Algumas formas de exercício também são muito relaxantes. A ioga inclui técnicas para o relaxamento total do corpo e meditação, enquanto algumas formas de artes marciais como o tai chi chuan já foram descritas como meditação em movimento.

O relaxamento regular pode realmente alterar a química do corpo e os estados profundos podem ajudar o cérebro a produzir endorfinas, que têm o efeito de melhorar o humor e aliviar a dor. A meditação tem muitos efeitos similares. Embora o relaxamento se direcione principalmente ao corpo e a meditação à mente, ambos diminuem o ritmo e reequilibram o sistema corpo–mente. Muitas pessoas que meditam regularmente descobrem que precisam de menos sono do que antes porque durante o período de meditação estão fazendo seu sistema descansar profundamente. Tanto a meditação quanto o relaxamento exigem que nós – e nos capacitam para tal – abandonemos a preocupação e a tensão e focalizemos o momento presente. Algumas pessoas têm medo de se soltar. Acham que precisam estar no controle. No entanto, soltar-se é uma parte normal do ritmo da vida. A manutenção do controle cria tensões físicas que a pessoa leva consigo para a cama. Uma mente tensa é menos capaz de resolver problemas. Se aprender a relaxar, você notará ter mais controle sobre seus padrões de dormir–despertar. A maioria das pessoas pode se beneficiar com o relaxamento e a meditação regulares. Tente incorporá-los ao seu dia-a-dia.

Aprendendo a relaxar

Você pode participar de aulas de relaxamento ou relaxar por conta própria. Se quiser tentar por si mesmo, reserve um tempo todos os dias, cerca de 20 minutos, para fazer um exercício simples de relaxamento. Muitas vezes, quando estamos atarefados e ansiosos, achamos que não temos tempo para relaxar. De certa maneira, parecemos estar dizendo que estamos tensos demais para aprender a relaxar; porém, através desse aprendizado, você vai se tornar mais consciente da formação das tensões e adquirirá conhecimento sobre o que fazer a esse respeito. Com a prática, começará a notar os estágios iniciais da tensão em seu corpo e poderá aprender a controlá-la no início em vez de deixá-la aumentar.

Para aprender a relaxar, primeiro ache um local silencioso onde possa ficar em paz, sem ser perturbado. Dedique 20 minutos para soltar-se completamente. Sente-se de modo confortável com as costas apoiadas e os pés descansando totalmente no chão, as mãos relaxadas no colo e os olhos fechados. Ou deite-se com a cabeça e os joelhos apoiados em almofadas. Se quiser, escute uma fita cassete – há muitas à venda, específicas para relaxamento – ou grave sua própria versão. Você pode começar a aprender a relaxar os músculos mesmo sem usar uma fita. Há várias técnicas de relaxamento que ajudam a ter um sono melhor. A seguir apresentamos três delas.

Exercício de relaxamento 1

O relaxamento progressivo consiste em percorrer o corpo todo tensionando e relaxando cada parte sucessivamente, dos pés à cabeça, respirando lenta e regularmente até deixar sair todas as tensões e sentir-se relaxado e calmo. Antes de mais nada, feche os olhos e tente relaxar o melhor que puder. Comece respirando profundamente seis vezes, segure cada respiração contando até três, e depois solte todo o ar dos pulmões. É importante não inspirar mais ar do que expira, caso contrário poderá sentir tontura.

1. Feche os olhos e deixe todo o corpo relaxar. Inspire e expire lenta e regularmente.
2. Mãos. Comece com a mão esquerda. Feche a mão, sinta a tensão, depois solte, afrouxe os músculos e relaxe a mão. Trabalhe subindo pelo antebraço e braço esquerdos, e depois faça o mesmo com a mão, antebraço e braço direitos. Concentre-se em eliminar toda a tensão nos braços e mãos. Mesmo quando sentir que eles estão completamente descontraídos, tente relaxá-los mais um pouco.

Procure alcançar níveis cada vez mais profundos de relaxamento. Agora faça o mesmo com cada parte do corpo, sucessivamente, deste modo:

3. Ombros.
4. Pescoço e garganta.
5. Rosto, testa, olhos, maxilar e boca.
6. Tórax.
7. Costas.
8. Estômago.
9. Nádegas e coxas.
10. Pernas, barriga da perna, tornozelos.
11. Pés.

Agora, todo o seu corpo deverá estar completamente relaxado. Observe se ainda consegue sentir alguma tensão em algum lugar do corpo e concentre-se em eliminá-la. Deixe todo o seu corpo se descontrair, desfrute essa sensação de relaxamento e continue assim por alguns minutos. Então, poderá relaxar ainda mais respirando profundamente e soltando lentamente o ar. Continue relaxado assim por mais alguns minutos. Desfrute a sensação de relaxamento até completar seus 20 minutos. Saia lentamente do relaxamento. Se você levantar muito rapidamente poderá sentir-se um pouco tonto.

Como tudo o mais, é preciso prática para relaxar bem. Se você já vem se sentindo tenso, precisará de tempo para seu corpo aprender a se livrar da tensão. Para começar, é uma boa idéia praticar a rotina de relaxamento diariamente.

Exercício de relaxamento 2

Depois que seu corpo se acostumar ao exercício de relaxamento anterior, você poderá encaixar esta versão resumida em sua vida diária, usando-a sempre que sentir necessidade de relaxar.

Escolha uma cadeira confortável ou apóie-se em algo. Se não quiser fazer todo o exercício anterior, pode escolher as partes do corpo que estiverem tensas, como o pescoço ou os músculos da barriga da perna, e usar o mesmo procedimento de tensionar e relaxar. Respire normalmente, contando até três, segure a respiração contando até três e depois solte o ar devagar, liberando a tensão. Ao expirar, diga a si mesmo "relaxe". Faça isso duas vezes. Agora volte a respirar no ritmo normal, calma e tranqüilamente.

Exercício de relaxamento 3

Outro método consiste em sentar ou deitar, alongar todo o corpo e depois soltá-lo como um gato. Depois, apenas examine o relaxamento no corpo todo enquanto inspira e expira lentamente, deixando mais e mais tensão ser liberada a cada expiração.

O uso de imagens mentais pode ajudar o relaxamento. À medida que for se soltando fisicamente, imagine que está flutuando em uma nuvem ou em um balão no céu ou deitado na areia morna da praia. Imagens de leveza e de peso parecem ajudar igualmente. Encontre a que mais se adapta a você. O que você deseja é a habilidade de relaxar sempre que quiser – não apenas em momentos especiais.

MEDITAÇÃO

A meditação leva a um estado mental relaxado. O objetivo é alcançar um estado de paz interior e acalmar os pensamentos, muitas vezes pela concentração em uma palavra, som ou objeto. As pessoas acham que vale a pena fazer um curso, pois, em geral, os iniciantes se esforçam muito para concentrar-se e a orientação de alguém mais experiente pode ajudá-los a aprender a se soltar. Se quiser tentar por conta própria, comece com cinco ou dez minutos. Sente-se como no exercício de relaxamento anterior. Certifique-se de que não será perturbado, depois tente o exemplo a seguir.

Exercício de meditação

Com suavidade, repita mentalmente uma única palavra, por exemplo "calma". Volte sua atenção para essa palavra sem se esforçar. Toda vez que sua mente começar a vagar, traga-a de volta para a palavra.

Preste atenção em sua respiração. Simplesmente conscientize-se dela sem tentar modificá-la. Contar devagar de um a dez pode ajudá-lo a se concentrar – "um e", "dois e", assim por diante – cada vez que inspirar e expirar.

No final de qualquer relaxamento ou meditação, não volte à atividade de imediato, mas termine devagar e suavemente, levando com você um pouco da sensação de calma interior.

RESPIRAÇÃO

Respirar corretamente é importante tanto no relaxamento quanto na meditação. À medida que o corpo e a mente diminuem o ritmo, assim também ocorre com a respiração. Tornar sua respiração mais lenta e mais profunda irá deixá-lo automaticamente mais calmo. Contudo, quando estamos tensos, tendemos a respirar rápido e superficialmente, com a parte superior do tórax. Isso torna o relaxamento muito difícil. Algumas pessoas habitualmente tensas têm respiração hiperventilada. Isso significa que elas respiram mal o tempo todo, o que as mantém em permanente estado de ansiedade. A hiperventilação pode ter outros efeitos colaterais desagradáveis como enxaquecas, tonturas, náusea e palpitação.

Aprender a respirar naturalmente irá ajudá-lo a manter-se calmo. Tente os exercícios a seguir.

Exercício de respiração 1

Deite-se no chão com uma almofada ou livro sob a cabeça. Coloque um objeto – como um livro grande, por exemplo – sobre o diafragma, entre o estômago e as costelas inferiores. Ao inspirar e expirar, o objeto deve subir e descer. Se isso não acontecer, é porque você está respirando com a parte superior do tórax. Usando o peso como guia, você pode reaprender a respirar com o diafragma. A respiração completa deve expandir o diafragma, as costelas inferiores e o estômago. Não se force a respirar profundamente. Apenas perceba de que modo está respirando no momento. Pense em suas costelas e pulmões se expandindo e contraindo e deixe sua respiração tornar-se cada vez mais profunda, lenta e calma. Pense nas suas costelas se expandindo para os lados, bem como para cima e para baixo. Se você praticar esse exercício alguns minutos diariamente, logo se acostumará a respirar de maneira mais calma e relaxada quando se deitar à noite.

Exercício de respiração 2

Um sintoma de ansiedade é prender a respiração. Um bom exercício para quando sentir que está ficando tenso durante o dia é expirar conscientemente, ao mesmo tempo que solta a tensão do pescoço, ombros e braços. Pratique isso em situações que normalmente o deixam tenso – por exemplo, em uma fila, em um congestionamento do trânsito, esperando alguém. Você pode usar essas situações como oportunidades para relaxar e não para ansiedade, frustração ou raiva e irritação.

VISUALIZAÇÃO

A imaginação pode ter um efeito direto em seu corpo, para o bem ou para o mal. Por exemplo, quando você recorda um incidente traumático em sua vida, o coração pode disparar, o pulso acelerar e a respiração tornar-se mais superficial enquanto o sistema de estresse do corpo entra em ação. Não importa que o incidente não seja real. Seu corpo e seu sistema nervoso reagem como se fosse. Igualmente, quando você imagina experiências agradáveis ou felizes, seu corpo relaxa e sua mente fica mais tranqüila. Terapeutas alternativos usam com freqüência a visualização para ajudar no processo de cura. Quando você começa a se imaginar saudável e feliz, o corpo passa a sentir-se mais saudável e mais forte. Em um estado relaxado, sonhando acordado, você pode mentalmente imaginar qualquer evento que desejar, seja um sono melhor ou a realização de uma tarefa. É importante acreditar e esperar que aquilo que você visualizou se realizará, pois dessa maneira você influencia suas expectativas que, por sua vez, influenciam seu comportamento.

As técnicas de visualização podem não ser adequadas para todos. Se você é muito ansioso, pode se esforçar demais para conseguir algo que não deveria exigir nenhum esforço, ou então piorar as coisas concentrando-se nos sintomas e não na saúde. Mesmo não utilizando técnicas específicas, você usa naturalmente o poder do pensamento e da imaginação o dia inteiro, tanto mental quanto visualmente. Você pode de fato substituir pensamentos depressivos sobre a sua vida e o seu sono por idéias positivas sobre o que realmente deseja.

O primeiro passo essencial para a visualização é ser capaz de relaxar profundamente. Se você é quase sempre tenso, talvez precise de muita prática para aprender a relaxar.

Exercício de visualização – o método do "elevador descendo" para aprofundar o relaxamento

Você mesmo pode fazer esta gravação, colocando as pausas apropriadas, e escutá-la quando estiver sentado confortavelmente ou deitado em posição relaxada, talvez até mesmo na cama antes de dormir.

Imagine que está no quinto andar de uma grande loja de departamentos... Está entrando no elevador... para ir até o térreo. Enquanto desce... a porta do elevador abre e fecha em cada andar... e você vai ficando cada vez mais relaxado... e seu sono vai ficando cada vez mais profundo. A porta do elevador está fechando agora... e você está começando a descer lentamente... O elevador pára no quarto andar... algumas pessoas descem... duas pessoas entram... a porta fecha outra vez... e você está ficando cada vez mais profundamente relaxado... dormindo cada vez mais profundamente. E enquanto o elevador desce lentamente para o terceiro andar... e pára, e a porta abre e fecha outra vez... você está mais e mais relaxado... e seu sono está mais e mais profundo. O elevador desce lentamente para o segundo andar... uma ou duas pessoas saem e algumas entram... e enquanto isso acontece... você está se sentindo muito mais profundamente relaxado... cada vez mais profundamente adormecido. E o elevador continua descendo para o primeiro andar... a porta abre e fecha... mas ninguém sai ou entra. E você está mais e mais relaxado... e seu sono mais e mais profundo. Seu sono vai ficando mais e mais profundo, mais e mais profundo. E o elevador vai descendo cada vez mais... até finalmente chegar ao térreo. A porta abre... e todos saem... mas você não sai... você decide descer ainda mais... ir até o subsolo. A porta do elevador fecha outra vez... e você vai descendo... mais e mais fundo... mais e mais profundamente.. e ao chegar ao subsolo...você está se sentindo duas vezes mais confortável e profundamente relaxado... duas vezes mais profundamente adormecido.

Exercício de visualização – acalmando seus pesadelos

Algumas vezes nossos sonhos nos perturbam e nos despertam à noite. Se isso acontece com freqüência e eles são muitos assustadores, talvez você precise de ajuda profissional, de um conselheiro ou terapeuta. Muitas pessoas, no entanto, descobrem que podem ajudar a si mesmas a recuperar o controle sobre os pesadelos e reduzir o seu medo usando uma técnica tradicional dos nativos americanos Navajo para mudar o conteúdo dos pesadelos. Você pode fazer isso, começando com um exercício de relaxamento.

Quando estiver completamente relaxado e sentado ou deitado tranqüilamente, com os olhos fechados, comece a repassar seu pesadelo. Quando chegar a um ponto amedrontador, tente ficar, mental e fisicamente, tão relaxado quanto possível e transformar a parte amedrontadora em algo com que você se sinta confortável. Certifique-se de estar completamente relaxado e calmo antes de repassar o pesadelo mais uma vez e repetir o exercício. Se o final do pesadelo é que o atemoriza – geralmente é a parte que o faz acordar –, mude o final. Se você tiver o pesadelo à noite, vá para outro aposento e faça o exercício, voltando para sua cama só quando estiver relaxado e calmo. Você pode praticar isso como parte de sua rotina de relaxamento durante o dia. Dessa maneira, você adquire um controle maior sobre seus pesadelos e seus medos.

CAPÍTULO 6

Realizando mudanças (3): aprendendo maneiras mais eficazes de lidar com as emoções

Todos nós temos padrões de pensamentos, comportamento e sentimentos que fazem parte de nós e da maneira como lidamos conosco, com nossos relacionamentos e com o mundo em geral. Muitos desses padrões começam muito cedo em nossa vida, à medida que desenvolvemos maneiras de lidar com nossas experiências. Juntos, eles formam o sistema de crenças – as crenças, pensamentos e suposições – que governam nosso comportamento em relação a nós mesmos e aos outros. Contudo, o que funcionou uma vez não significa que funcionará sempre, podendo até mesmo nos causar problemas.

Se você sente-se ansioso, deprimido ou frustrado, ou tem um problema particular que o está preocupando ou que você preferiu deixar de lado, é importante começar o processo de mudanças. Quanto mais você adiar a solução de uma situação insatisfatória, maior a probabilidade de ela piorar e mais sua mente continuará a remoer esses problemas quando você tentar dormir à noite. A maioria das pessoas pode aprender a se sentir melhor a respeito de si mesmas, assim como pode aprender qualquer nova habilidade. Mas você terá de dar o primeiro passo, tomando a decisão de mudar.

Mudar significa examinar seus medos e ansiedades – sejam eles grandes ou pequenos – e pensamentos, idéias e crenças inadequadas que, muitas vezes, estão por trás deles e os mantêm. Também significa ter a coragem de reagir de maneira diferente – por exemplo, ser capaz de dizer "não" sem ter medo de decepcionar os outros. A mudança não precisa ser dramática. Pode ser apenas a mudança de um pensamento, mas, por menor que ela seja, pode ser suficiente para começar um efeito dominó que se espalha para todas as nossas experiências.

A seguir, algumas orientações que podem ser úteis para ajudar a começar um processo de mudança:

- Escrever a história da sua vida.
- Juntar informações.
- Definir o problema.
- Aprender a expressar seus sentimentos.

ESCREVENDO A HISTÓRIA DE SUA VIDA

Ao escrever a sua história – o que aconteceu com você e como as coisas vieram a ser o que são em sua vida – você começará a examinar o que precisa ou deseja mudar.

1. Você pode começar descrevendo a sua família, suas primeiras experiências e seus sentimentos em relação a pessoas e eventos quando era criança. Depois examine sistematicamente a sua vida, datando os acontecimentos importantes e como você se sentiu em relação a si mesmo e aos outros nesses momentos. Algumas pessoas acham mais fácil escrever na terceira pessoa, como se quem estivesse escrevendo

fosse um amigo próximo que as conhece bem e se importa com elas.
2. Quando sentir que já escreveu sobre todas as experiências e fatos importantes, examine com atenção suas anotações. Comece a observar que efeitos suas primeiras experiências e sua atitude em relação a elas tiveram na sua maneira de pensar e sentir a respeito de si mesmo e dos outros, e na sua maneira de agir hoje.
3. Termine sua história escrevendo sobre as mudanças que gostaria de fazer e como poderia começar a realizá-las. Podem ser mudanças na sua maneira de pensar sobre si mesmo, nos padrões inadequados de pensamento e crenças falsas. Ou podem ser mudanças em determinados padrões, como estar sempre querendo agradar os outros, ter pensamentos negativos ou atitudes de evitação.

Escrever a história de sua vida pode ser uma experiência esclarecedora e emocionante, quando a observamos com compaixão e bondade. Por meio desse processo é possível começar a ver como tem sido nossa vida, como as atitudes tomadas desde cedo em relação a nós mesmos e aos outros contribuíram para as nossas dificuldades, e como, ao mudar essas atitudes, podemos começar a nos afastar do que antes considerávamos características fixas ou hábitos imutáveis sobre os quais não tínhamos controle. Pode até mesmo ser a primeira vez que compreendemos que somos capazes de ter algum controle sobre nossa vida. Escrever nossa história também ajuda a desfazer confusões e nos proporciona maior clareza sobre como são as coisas e como elas eram, em vez de apenas seguir atabalhoadamente esperando que, de alguma maneira, o destino nos dê uma mão.

REUNINDO INFORMAÇÕES

Automonitoramento

O principal objetivo do automonitoramento é aumentar a percepção de nossos padrões. Dessa forma, você será mais rápido para perceber como uma coisa leva a outra no que se refere à sua própria reação e à dos outros. Depois de entender o processo e como ele funciona, terá uma chance de interrompê-lo ou mudá-lo.

O que você monitora? Quaisquer sentimentos, formas de pensar e agir e comportamentos que provocam angústia ou que possam ser um sintoma da sua aflição. Por exemplo, você pode querer monitorar sintomas físicos como dores de cabeça, esquecimento, sintomas de estresse e de ansiedade, da mesma forma que seus sentimentos, como depressão, infelicidade, assim como pensamentos sobre si mesmo e sobre os outros ou comportamentos como fumar, comer, dormir.

Tenha sempre à mão uma pequena caderneta que possa usar com facilidade. Ao fazer uma anotação, escreva a hora, dia, lugar, quem está perto, o que está acontecendo e, o mais importante, o que você está pensando e sentindo no momento. Use-a durante uma semana pelo menos, antes de estudá-la. Algumas vezes, é preciso fazer o monitoramento por algumas semanas antes de podermos perceber algum tipo de padrão.

Ao examinar a caderneta, observe um ou mais temas ou frases que aparecem regularmente, verificando a hora, o local e quem estava presente. Foi com esse tipo de automonitoramento que uma mulher percebeu que suas dores de cabeça ficavam piores quando não era capaz de defender suas idéias. Era como se a dor fosse um lembrete de que ela precisava se expressar mais e não apenas aceitar as coisas passivamente, sem comentários.

DEFININDO O PROBLEMA

1. Aprenda a reconhecer suas crenças

O fato é que todos nós, até certo ponto, temos crenças negativas a nosso respeito e sobre o mundo. O importante é compreender que, embora elas possam parecer verdade para nós, são apenas crenças e não verdades objetivas.

Ao examinar as idéias e pensamentos negativos a seguir, veja se alguns deles se aplicam ao seu sistema de crenças ou são suposições subjacentes que se refletem em seus sentimentos e comportamentos.

Tem alguma coisa errada comigo.
Sou um inútil e não mereço nada de bom.
Fiz coisas (ou uma coisa ruim) em minha vida e mereço sofrer e ser punido.
As pessoas (inclusive eu) são basicamente ruins – egoístas, cruéis, burras, indignas de confiança, tolas etc.
O mundo é um lugar inseguro.
A vida é dor, sofrimento, suor... não é feita para ser feliz.
Envolver-se com alguém é perigoso... pode machucar.
O poder é perigoso... posso fazer alguém sofrer.
Não tenho controle sobre o que acontece comigo... Sou impotente para modificar minha vida ou a situação do mundo.

2. Aprenda a reconhecer seus pensamentos

a. *O modo como pensamos a respeito de nós mesmos e da nossa vida influencia o que sentimos sobre nós mesmos*

Embora os padrões de pensamento possam nos parecer naturais e inevitáveis, se você examinar atentamente seu padrão de pensamento talvez descubra que ele está trabalhando contra você. O que pensamos o nosso respeito é, com freqüência, resultado do que nos foi dito sobre nós mesmos, tanto agora como no passado, por pessoas cujas opiniões são importantes, como pais, familiares e amigos.

Estudo de caso: Lucas

Lucas sempre foi considerado "preguiçoso" pela família. Vivia adiando tudo e parecia incapaz de tomar decisões. Na escola era o palhaço da turma e o primeiro a rir dos próprios erros. Ele sempre fora popular e amigável e lhe era fácil achar pessoas prontas para ajudá-lo. No entanto, no momento em que teve de enfrentar sérias dificuldades, ele nem tentou, pois não acreditava que pudesse resolvê-las. Aos poucos, os problemas foram aumentando e ele ficou cada vez mais estressado, sofrendo de sintomas de ansiedade durante o dia e dificuldade para dormir à noite. No final, como as coisas só pioravam, foi consultar o médico da família que, no começo, receitou tranqüilizantes para ajudá-lo a enfrentar melhor as coisas durante o dia e dormir à noite. Depois de um tempo, Lucas descobriu que precisava de uma dose mais elevada para acalmar-se e voltou ao médico, que o encaminhou a um terapeuta.

Foi durante a terapia que Lucas começou a questionar se era tão impotente quanto pensava e se, de fato, era mesmo "o preguiçoso da família".

Com freqüência, não temos consciência de estar pensando negativamente, de maneira fixa e improdutiva ou fazendo tempestade em copo d'água. Se nos dizemos o tempo todo "Não vou conseguir fazer isso", estaremos sempre estabelecendo expectativas de fracasso, e nem tentaremos. Isso tende a se tornar um ciclo vicioso no qual acabamos nos sentindo inúteis e incapazes.

Faça uma experiência escolhendo alguns de seus pensamentos prejudiciais. Por exemplo, se identificar um pensamento negativo como "Não vou conseguir fazer isso, pode tentar substituí-lo por um pensamento positivo do tipo "Se eu tentar, nada de realmente terrível pode acontecer".

b. *Mude seu diálogo interno – o comentário constante*

Se você realmente prestar atenção a seus pensamentos, poderá saber quais são eles realmente e mudá-los. Poderá ver se sua ansiedade baseia-se na realidade ou em antigos e prejudiciais modos de pensar. Uma técnica para descobrir mais sobre o modo como você pensa e como isso está ligado à sua maneira de sentir é fazer uma descrição oral de si mesmo. Nesse processo você é seu próprio observador. Comece fazendo a si mesmo perguntas como: "O que sinto quando...?". Observe seus pensamentos e sintomas à medida que a tensão aumenta. Faça um comentário sobre o que acontece em seu corpo quando a tensão aumenta – como se fosse um comentador esportivo de si mesmo.

c. *Fazendo uma catástrofe de tudo*

Imagine que você não consegue terminar aquele relatório, passar no exame, conseguir aquele emprego, fazer uma faxina na casa antes de seus pais chegarem, e coisas assim – isso é realmente uma questão de vida ou morte? Precisamos realmente colocar nossa reação de estresse em seu ponto máximo? Se você fica estressado com qualquer evento que se aproxima, pare um pouco e se pergunte: "O que pode acontecer de pior se eu não conseguir o resultado que desejo?". Seria realmente o fim do mundo ou a catásfrofe que você está se preparando para enfrentar? Tente perguntar a si mesmo: "E se tal e tal situação acontecer?" e dê respostas realistas. Pense na última vez em que se preocupou tanto assim. As coisas realmente foram tão ruins quanto você temia? Provavelmente, não.

APRENDENDO A EXPRESSAR OS SENTIMENTOS

Aprenda a não reprimir os sentimentos

Tenha sempre à mão um papel em que possa escrever diariamente seus pensamentos e idéias. Dessa maneira, estará mantendo um registro do que está sentindo e vivendo, que tipo de pensamentos está tendo, o que está lhe acontecendo. Talvez você queira escrever nele todos os dias ou apenas quando sentir as coisas de forma mais intensamente. Algumas pessoas preferem escrever poemas ou desenhar, rabiscar ou pintar. Expresse-se da forma que lhe parecer mais fácil. Seja o que for, registre em seu diário. O importante é o significado que tem para você.

Os sentimentos podem ser agradáveis ou desagradáveis. Tente não reprimi-los. A melhor maneira de lidar com eles é se conscientizar mais desses sentimentos e, se possível, expressá-los. Os amigos de confiança e os membros da família podem ser capazes de ajudá-lo a descobrir ou expressar esses sentimentos. Contudo, se esses sentimentos parecerem muito confusos ou perturbadores, talvez seja melhor consultar seu médico. Ele pode encaminhá-lo para aconselhamento ou psicoterapia com um profissional qualificado. Caso seus problemas sejam específicos, como determinados temores e fobias, talvez existam grupos de auto-ajuda em sua região.

Tristeza e depressão

Todos nós ficamos tristes e infelizes ocasionalmente e isso pode afetar nosso sono à noite. Os sentimentos de tristeza, desânimo, infelicidade e frustração são perfeitamente normais em períodos difíceis e estressantes e, em especial, quando você está passando por eventos tristes, como luto, desemprego ou divórcio. A depressão é o mais comum de todos os problemas de saúde mental e possui muitas formas e graus de gravidade. Se a sua depressão é grave ou já dura há algum tempo, então uma boa idéia é consultar seu médico e buscar apoio profissional.

As pessoas deprimidas geralmente são muito autocríticas – sentem-se tão miseráveis que não merecem ser felizes. Contudo, é realmente possível atacar a depressão começando por desafiar suas maneiras de pensar. Como vimos no último capítulo, sua maneira normal de pensar lhe parece natural e automática. Comece a ouvir o seu diálogo interno e pergunte a si mesmo se seria tão exigente com outra pessoa.

Os acontecimentos da vida como morte, divórcio, mudança de casa e de emprego são todos estressantes. Se sua depressão é devida a circunstâncias da vida, como desemprego, solidão ou dificuldades financeiras, é perfeitamente compreensível e natural sentir-se infeliz. Algumas coisas estão fora do nosso controle e simplesmente não podemos mudá-las. Em vez de lamentar a sorte ou bater a cabeça na parede, tente elaborar algum tipo de aceitação desses acontecimentos. Escreva os aspectos de sua vida que o estão deixando infeliz. Examine a lista e veja o que pode ser mudado. Verifique também se é possível reunir-se com outras pessoas que estão na mesma situação para apoiar-se mutuamente, ou participe de um grupo de auto-ajuda. Você pode descobrir que qualquer esforço, por menor que seja, fará com que se sinta um pouco melhor.

Muitas pessoas idosas com freqüência ficam deprimidas porque se sentem sós e inúteis. Familiares e amigos mudam para longe ou morrem e elas podem achar que ninguém se importa. No entanto, talvez ninguém saiba disso. Talvez você tenha de dar o primeiro passo. A velhice, em si mesma, não significa deterioração mental. Certifique-se de ter uma rotina regular, alimentando-se de maneira apropriada e se exercitando como puder. Mesmo que o seu corpo esteja ficando cada vez mais lento, procure atividades fora de casa que possam lhe oferecer companhia e estímulo mental.

Seja assertivo

Quando revisamos nossos padrões antigos de pensamento e comportamento, muitas vezes precisamos ser mais assertivos quanto às nossas necessidades e desejos. No entanto, facilmente confundimos assertividade com agressão e não nos expressamos. Se para você é difícil ser assertivo, isso pode significar que você teme ser demasiado agressivo e magoar os outros ao se expressar ou ser considerado muito atrevido. No entanto, se evitarmos ser assertivos por causa dessa crença, os outros poderão nos ignorar ou nos desconsiderar porque realmente não sabem o que pensamos ou sentimos.

Conter-se também pode impedir você de enfrentar o desafio da mudança. Ser assertivo é adequado e aceitável. Aprender como ser assertivo pode ser uma parte importante da sua mudança.

Raiva e ressentimento

Emoções desconfortáveis como raiva e ressentimento são causas comuns de preocupações noturnas. Se você está com raiva de uma situação atual, aceite-a ou faça algo a respeito, caso contrário toda a energia negativa e estresse continuarão mantendo-o acordado. Muitas pessoas temem o confronto, mas é possível dizer o que você pensa sobre uma situação sem ter uma explosão violenta. Dizer calmamente à pessoa ou às pessoas envolvidas como você se sente em relação ao seu comportamento sem culpá-las ou acusá-las. Muitas vezes, pode iniciar a comunicação fazendo com que o problema possa ser discutido e resolvido. Limite-se a descrever os próprios pensamentos e sentimentos em vez de acusar a outra pessoa. Isso só fará com que ela defenda sua posição.

Se você não pode falar diretamente com a outra pessoa, ou se a situação que está fazendo você ficar com raiva aconteceu no passado, diga a si mesmo que seja o que for que a outra pessoa disse ou fez, agora já passou. Ficar com isso na cabeça só pode prejudicá-lo. Enquanto estiver se remoendo, repassando a cena, ensaiando o que poderia ter dito ou feito, a outra pessoa pode muito bem já ter esquecido todo o evento. A única pessoa que o está fazendo ficar com raiva agora é você mesmo, a cada vez que revive mentalmente a cena. Quando você está com raiva, os músculos tensionam, causando dores de cabeça e musculares e também provocando a liberação de hormônios do estresse, contribuindo para sua insônia. Alimentar a raiva não só o mantém acordado como pode causar problemas físicos. Pressão alta, problemas cardíacos e artrite algumas vezes são considerados efeitos de uma raiva prolongada.

Tente tirar a raiva e o ressentimento do seu sistema durante o dia. Embora isso não seja fácil, depois de compreender que eles o estão prejudicando você pode decidir abandoná-los.

Lidando com a raiva e o ressentimento: exercício 1

Uma maneira de obter alívio a curto prazo da raiva que está prejudicando seu sono é a técnica de bater-no-travesseiro. Encontre uma hora e lugar onde possa ficar sozinho e descarregue sua raiva no travesseiro. Esmurre-o e grite ao mesmo tempo. Solte-se e continue gritando e esmurrando até ficar exausto, sentir que descarregou os sentimentos de raiva e perceber que seus ombros e braços se libertaram de toda tensão.

Você pode descobrir outras maneiras que funcionem para o seu caso. Algumas pessoas acreditam que dirigir o carro e gritar com toda a força de seus pulmões pode ajudar. Outras acham melhor escrever uma carta para a pessoa com quem estão zangadas e depois rasgá-la.

Lidando com a raiva e o ressentimento: exercício 2

As técnicas de visualização podem ser úteis. Em estado relaxado, visualize a outra pessoa – imagine uma conversa em que você está se sentindo completamente diferente em relação a ela. Muitas pessoas deprimidas sofrem de culpa e raiva em relação a si mesmas. Use a visualização para soltar esses sentimentos, lembrando-se de todas as boas coisas sobre si mesmo.

Ressentimento e hostilidade: o perdão

Muitas vezes carregamos conosco os sentimentos negativos de ressentimento e hostilidade até bem depois que os acontecimentos ou as pessoas envolvidas se afastaram de nossa vida. A única pessoa a quem esses sentimentos prejudicam somos nós mesmos. Muitas religiões enfatizam o poder das orações para perdoar nossos inimigos. Sejam religiosas ou não, muitas pessoas acham que ter pensamentos positivos sobre mágoas do passado é uma maneira eficaz de lidar com elas. Abaixo, uma técnica para fazer isso que talvez você queira tentar.

Escreva em um pedaço de papel uma lista com os nomes de todas as pessoas de sua vida que você considera que o maltrataram, o prejudicaram, cometeram alguma injustiça com você, ou de quem você sente ou sentiu ressentimento, raiva ou mágoa. Ao lado do nome de cada pessoa escreva o que ela lhe fez ou o motivo pelo qual você tem ressentimentos contra ela.

Depois feche os olhos, relaxe e, uma a uma, visualize ou imagine cada pessoa. Converse com cada uma e explique-lhe que no passado você sentiu raiva ou mágoa em relação a ela, mas que agora fará todo o possível para perdoá-la. Muitas pessoas acham que esse processo de perdão liberta-as do ressentimento e da hostilidade.

Agora escreva os nomes de todas as pessoas que consegue lembrar, a quem você acha que magoou ou contra quem acredita ter cometido alguma injustiça e, ao lado, escreva o que fez a elas. Depois, feche os olhos novamente, relaxe e imagine cada pessoa. Diga-lhes o que fez e peça que o perdoem. Então, visualize-as fazendo o mesmo e perdoando-o.

RELACIONAMENTOS E PROBLEMAS DO SONO

Você não pode mudar as outras pessoas: pode apenas mudar a forma como se sente e suas reações em relação a elas. Mas o que você pode fazer é lhes dizer como se sente. Não suponha que elas sabem como você se sente – ninguém pode ler a mente do outro. Dê-lhes a chance de dizer a você como se sentem. As pessoas muitas vezes fazem suposições completamente erradas sobre o que se passa na cabeça dos outros. Fale de maneira aberta e franca. Escutar o ponto de vista do outro, tanto quanto expressar o seu, pode esclarecer uma situação.

Problemas conjugais

A maioria dos casamentos e relacionamentos passa por momentos difíceis, e sentir raiva e ressentimento do(a) seu (sua) parceiro(a) pode ser uma importante causa de insônia. Tente resolver seus problemas durante o dia ou no começo da noite. Não espere a hora de ir para a cama para discutir. Não fique deitado(a) na cama remoendo os erros do(a) seu(sua) parceiro(a) e dizendo a si mesmo(a) que se ele(a) fosse diferente, você seria feliz. O sexo é uma atividade apropriada para ser feita na cama e não provoca insônia – a suposição é que depois dele você dorme relaxado(a) e feliz. Contudo, um relacionamento sexual insatisfatório pode deixar o(a) parceiro(a) sentindo-se pior do que se não tivesse feito sexo. Como acontece com todos os outros problemas que causam insônia, é importante fazer alguma coisa. Quanto mais tempo as dificuldades persistirem, mais difícil será resolvê-las. Muitas vezes, quando os casais têm dificuldades, pode ser útil reservar um horário semanal regular para cada um expressar seus desejos e suas mágoas e escutar um ao outro sem interrupção.

Mulheres e raiva

As mulheres muitas vezes têm dificuldade para reconhecer que sentem raiva. Desde a infância, as meninas são levadas a acreditar que não é correto sentir raiva e que as outras pessoas – principalmente os homens – as rejeitarão se ficarem zangadas. Há alguma verdade nisso. Estudos psicológicos demonstram que quando os homens se comportam de determinada maneira, isso é considerado "assertivo", "másculo", e é admirado. Nas mulheres, o mesmo comportamento é considerado "agressivo" e elas são chamadas pejorativamente de "megeras" ou "putas". Algumas mulheres deixam de lado seus próprios desejos e necessidades para serem esposas e mães perfeitas para os outros. Elas não compreendem que sentem raiva por sempre serem feitas de capachos e ressentimento por não atenderem às próprias necessidades. Isso pode levar a um acúmulo desses sentimentos e provocar insônia.

Se você precisa de ajuda para esclarecer seus sentimentos e lidar com os problemas de seu relacionamento, consulte um conselheiro matrimonial. Muitas vezes, os sentimentos confusos sobre os relacionamentos é que fazem a pessoa ficar acordada à noite.

VIVENDO NO PRESENTE

Viver no presente nos ajuda a aceitarmos a nós mesmos como somos, em vez de nos julgarmos segundo os padrões dos outros. No entanto, como em tudo mais, isto exige prática e pode não ser muito fácil no começo. Depois de criar o hábito de viver no presente, você pode tentar fazer a mesma coisa na hora de dormir. Em vez de se preocupar com o fato de conseguir ou não pegar no sono e quando, tente ficar no momento presente, sem relembrar mágoas passadas ou se afligir com o futuro. Tente dar ao seu corpo e à sua mente a permissão para relaxar e descansar.

Tente viver no presente o máximo possível. Experimente o seguinte exercício

Dê toda a atenção ao que estiver fazendo, na hora em que estiver fazendo, seja qual for a atividade – trabalhar, caminhar ou ler. Tente concentrar-se no momento. Tome consciência de seu corpo físico, do ambiente que o cerca. Se estiver caminhando, tente observar tudo em volta – paisagem e ruídos. Gradualmente, você vai adquirir a prática e aprender a desligar a mente hiperativa e dar a ela e a si próprio um descanso.

OUTRAS MANEIRAS DE AJUDAR A MUDANÇA

Ajuda profissional

Os amigos e parceiros podem ser um grande apoio durante o processo de mudança, mas às vezes aqueles que o conhecem bem tentarão alegrá-lo ou mudar de assunto quando o mais útil seria alguém escutá-lo com atenção. Às vezes, eles próprios podem ser parte ou a causa de seus problemas e você achará difícil lhes dizer o que se passa em sua cabeça. Conseguir ajudar a si mesmo é uma maneira mais saudável de avançar, em vez de ficar preso ao problema.

Algumas pessoas sentem-se constrangidas ou envergonhadas em procurar ajuda profissional, como de uma psicoterapeuta ou conselheiro, e no entanto muitos problemas podem ser resolvidos com aconselhamento de curto prazo. Por exemplo, a psicoterapia pode ser útil para desemaranhar eventos da infância e relacionamentos do passado que são a fonte de muitos de nossos modos atuais de pensamento, sentimento e comportamento. Um bom conselheiro ou terapeuta aceitará quem você é e poderá escutá-lo de uma maneira que amigos e familiares talvez não sejam capazes.

Nem sempre é necessário procurar aconselhamento formal. Muitas vezes, o mais importante são as qualidades do terapeuta, quer seja ou não formalmente treinado. Outras vezes, a atenção cuidadosa e mesmo o toque de um terapeuta corporal, aromaterapeuta, osteopata ou outros curadores semelhantes podem gentilmente estimular o relaxamento e aliviar os estresses e tensões do corpo, sem a necessidade de uma exploração emocional mais profunda.

CAPÍTULO 7

As terapias naturais e o tratamento da insônia

A variedade de terapias naturais que podem ser eficazes no tratamento da insônia inclui a acupuntura, a técnica de Alexander, a aromaterapia, os florais de Bach, a homeopatia, a cinesiologia, a massagem, as ervas medicinais, a técnica metamórfica, a terapia natural reconectiva, a naturopatia, a osteopatia e a quiroprática (também osteopatia cranial ou terapia crânio-sacral), a reflexologia, a terapia de zona reflexa, o shiatsu e a cura espiritual.

As terapias naturais enfatizam que todos nós temos o poder e a habilidade de nos curarmos. Em vez de tratar os sintomas da má saúde física e mental com uma variedade de drogas, as terapias naturais tentam remover os obstáculos à saúde e à autocura restaurando o equilíbrio. Os métodos e técnicas das terapias naturais variam. Contudo, eles acreditam no princípio de que o corpo, a mente e as emoções formam uma unidade interdependente. Todos os três elementos devem estar em equilíbrio para que se possa ter boa saúde. As terapias que lidam dessa maneira com a pessoa como um todo são chamadas de "holísticas".

Além de abrandar os problemas de saúde, as terapias naturais podem aliviar a dor e ajudar os que sofrem de insônia ao contribuir para o relaxamento e a redução do estresse emocional e da tensão física. Os métodos de tratamento usados nas terapias naturais vão do contato direto – por exemplo, osteopatia, quiroprática, aromaterapia e massagem – a métodos mais indiretos, que usam medicação, como a homeopatia ou a medicina herbal. Muitos praticantes das terapias naturais também usam o aconselhamento de forma a oferecer ajuda e apoio aos pacientes para lidar com as causas da insônia ou abandonar as pílulas para dormir.

Há um grande número de terapias naturais geralmente disponíveis. Algumas são complementares ao que é chamado de medicina ortodoxa, enquanto outras são consideradas terapias alternativas. As terapias naturais diferem da medicina ortodoxa em dois aspectos principais:

1. As terapias naturais tratam toda a pessoa e não apenas aquela parte dela que é chamada de "doença". Levam em consideração as características do paciente e seu estilo de vida, e reconhecem que as reações das pessoas a um mesmo tratamento podem variar.
2. A rapidez em que se espera que os tratamentos funcionem também é diferente. Por exemplo, os antibióticos são cada vez mais prescritos na medicina ortodoxa e o tratamento é relativamente rápido; contudo, eles funcionam suprimindo os sintomas. Na medicina natural, os sintomas são considerados como o esforço do corpo para defender-se e o tratamento consiste em fortalecer a mente e o corpo que estão esgotados a ponto de permitir o desenvolvimento de bactérias e vírus. Como as terapias naturais lidam com toda a pessoa, não apenas com os sintomas, o tratamento pode levar mais tempo para fazer efeito – às vezes meses, em vez de dias ou semanas. Felizmente, como as terapias naturais são quase sempre muito relaxantes, a insônia muitas vezes é um dos primeiros sintomas a desaparecer.

Os métodos de diagnóstico também diferem muito daqueles utilizados na medicina ortodoxa. Por exemplo, alguns terapeutas são treinados em iridologia, o diagnóstico pela íris dos olhos que reflete o estado do corpo. Por esse método, variações no olho, como a cor, podem indicar fraquezas orgânicas ou funcionais e deficiências nutricionais. Outros usam técnicas da cinesiologia para testar desequilíbrios e necessidades nutricionais, enquanto outros ainda podem usar técnicas como o balanço de um pêndulo.

Se você já está tomando medicamentos, deve conversar tanto com seu médico como com o profissional de medicina natural ou alternativa a quem você procurou. Algumas formas de medicina natural são alternativas e não complementares à medicina convencional. Por exemplo, muitos remédios à base de ervas podem não ser compatíveis com remédios tradicionais, que também podem neutralizar o efeito dos remédios homeopáticos. Você deve conversar com seu médico antes de fazer quaisquer mudanças ou acréscimos ao que ele já lhe prescreveu.

ENCONTRANDO UM PROFISSIONAL NATURALISTA

A variedade de terapias naturais disponíveis pode causar confusão, especialmente se você não sabe muito sobre elas e está tentando fazer sua escolha. Às vezes, mesmo dentro de um tipo particular de terapia, existem diversas escolas que diferem tanto em sua abordagem como em sua ênfase. O importante, no entanto, é encontrar a terapia e o terapeuta certos para você. Muitas vezes, o fator crucial para a eficácia da terapia são as qualidades individuais do terapeuta e não uma técnica ou método particular.

Com freqüência, a recomendação pessoal é uma das maneiras de encontrar um bom profissional. Alguns médicos mantêm contato com profissionais de áreas específicas e costumam recomendá-los a seus pacientes. Outra maneira é ir a uma clínica holística ou de saúde natural, onde é possível encontrar vários tipos de profissionais e receber orientação quanto à terapia que lhe é mais apropriada. Algumas clínicas também oferecem orientação médica quando necessário. Ir a uma clínica também significa que você pode ser encaminhado a diferentes tipos de terapias, se necessário.

Antes de começar um tratamento é importante verificar o treinamento e a experiência do profissional. Alguns são treinados em mais de uma terapia e podem combinar tratamentos diferentes. Como todas as outras terapias, a terapia natural tem seus regulamentos e qualificações estabelecidos. Se escolher um profissional pelos anúncios em jornais, certifique-se de que ele está adequadamente qualificado e registrado.

ACUPUNTURA

Esta técnica chinesa antiga se baseia na teoria de que a saúde depende do fluxo harmonioso da energia, ou força vital, chamada *qi* (pronuncia-se chi). *Qi* flui no corpo por doze canais de energia chamados meridianos. Cada um dos doze meridianos está conectado a um órgão e recebe o seu nome – coração, pulmões, fígado, rins, e assim por diante –, e cada um pode ser afetado por uma emoção específica. Por exemplo, o medo afeta os rins e a raiva o fígado, juntamente com seus meridianos. A insônia em geral está relacionada com o rompimento no fluxo de energia do meridiano do coração. De acordo com essa tradicional técnica chinesa, o coração é o local da mente ou do espírito e, assim, a falta de sono é causada por um espírito perturbado. Em termos mais ortodoxos, tratar o meridiano do coração leva a pressão do nervo para o coração, que pode ficar superestimulado.

Energia demais ou de menos em um ou mais meridianos pode provocar sintomas tanto físicos quanto mentais. Na acupuntura, o diagnóstico enfoca o estado de energia da pessoa em vez de doenças específicas. Os métodos tradicionais incluem o conhecimento do histórico completo do paciente, a observação da cor da sua pele e das partes do corpo mais quentes ou frias. A força dos meridianos é verificada por doze pulsações tomadas no pulso da pessoa. A atividade exagerada ou insuficiente em um meridiano pode ser causada por fatores físicos, emocionais ou dietéticos – com freqüência uma combinação deles –, e o objetivo do acupunturista é restaurar a saúde ao restabelecer o equilíbrio. O progresso da recuperação na acupuntura é habitualmente lento e constante.

Ao longo dos meridianos estão centenas de pontos de acupuntura, minúsculas passagens para o fluxo de energia, cujos nomes chineses indicam suas funções. O tratamento consiste em estimular ou acalmar esses meridianos para restaurar o equilíbrio de energia, inserindo agulhas muito finas nos pontos apropriados. Isso será doloroso ou não dependendo do toque do profissional e da sensibilidade do paciente. Os pontos que precisam de tratamento geralmente são macios ao toque e podem ficar ligeiramente doloridos quando a agulha é introduzida pela primeira vez. Com a restauração do equilíbrio, a dor diminui. Usualmente só alguns pontos são tratados em uma sessão. As agulhas podem ficar no local de 10 a 20 minutos e o acupunturista pode girá-las algumas vezes. Alguns profissionais tratam os pontos de acupuntura com ervas quentes em vez de agulhas. Para a insônia, o acupunturista pode tratar pontos no meridiano do coração.

A acupuntura pode ser um tratamento eficaz para a insônia, restaurando o equilíbrio e a harmonia do sistema de energia do paciente. Embora muitas pessoas afirmem que se sentem mais relaxadas após uma única sessão, a maioria pode precisar de várias sessões para vencer a insônia e estabelecer melhores padrões de sono. Os profissionais ressaltam que a acupuntura pode aliviar a dor emocional e também a física, reduzir a ansiedade e a depressão. Embora no passado muitos médicos ortodoxos tivessem reservas sobre esse tratamento, a acupuntura é agora a terapia complementar mais amplamente utilizada na profissão médica e é praticada por um número crescente de clínicos gerais, assim como em hospitais e clínicas para alívio da dor.

A acupuntura também pode ser extremamente útil na redução dos sintomas de abstenção de tranqüilizantes, pílulas para dormir e outras drogas, incluindo a nicotina. Algumas pesquisas sugerem que a acupuntura aumenta a produção de endorfinas no cérebro que reduzem a dor e levantam o humor. Também pode ajudar o corpo a eliminar drogas do organismo. Alguns acupunturistas preferem que os pacientes deixem as pílulas antes de começar qualquer tratamento, pois a droga pode neutralizar os efeitos da acupuntura.

A TÉCNICA DE ALEXANDER

A técnica de Alexander foi desenvolvida há mais de 90 anos, por um ator australiano, Frederich Matthias Alexander. Especializado em *shows* em que era o único ator, ele sofria de rouquidão recorrente e problemas de respiração que o impediam de atuar. Quando os médicos especialistas nada descobriram de errado em sua garganta, Alexander achou que devia haver algo de errado com a maneira como ele a estava usando. Com a ajuda de espelhos, examinou a si mesmo e compreendeu que sua voz estava sendo afetada pela maneira como ele sustentava a cabeça e a nuca, o que por sua vez estava relacionado às tensões em seu corpo. No decorrer do anos ele aprendeu novos hábitos, e não apenas resolveu seu problema de voz como descobriu novo poder e energia mentais.

Os defensores da técnica Alexander salientam o fato de que, desde cedo, as crianças sabem como sustentar o corpo adequadamente. Contudo, a partir do momento em que começam a freqüentar a escola, elas são destituídas desse equilíbrio pela utilização de carteiras mal desenhadas e demasiado tempo sentadas fazendo as tarefas, assim como pelos estresses da vida moderna. Nosso corpo também reflete nossas emoções. Por exemplo, os profissionais mostram que ombros curvados podem ser desenvolvidos como uma reação de medo a pais muito críticos, enquanto o excesso de ansiedade pode resultar da cabeça sendo projetada para a frente em vez de se equilibrar facilmente sobre a coluna vertebral. Essas posturas musculares tendem a se fixar, e por si mesmas mantêm as emoções originalmente provocadas pelos sintomas.

As aulas sobre a técnica de Alexander geralmente duram de 30 a 45 minutos, e você recebe ajuda para ajustar aos poucos a maneira de ficar em pé, sentar e caminhar. Como enfatizei em todo o livro, é preciso tempo para mudar hábitos. No decorrer do tratamento, as tensões são liberadas e a postura se torna mais natural, as costelas se abrem para que você possa respirar mais natural e profundamente, e com freqüência os problemas nas costas e no pescoço são aliviados. À medida que se torna mais consciente, a pessoa é capaz de enfrentar seu cotidiano com menos estresse. A técnica de Alexander é uma maneira de aprender a usar seu corpo naturalmente – sem esforço ou tensão. Apesar da suavidade da técnica, ela pode provocar mudanças profundas não apenas no corpo, mas também na mente, em parte por eliminar antigas tensões e em parte por treinar a pessoa a concentrar-se no momento presente. Isso pode resultar em uma maneira nova e mais flexível de lidar com as experiências, da tristeza ao estresse, que podem ser particularmente úteis se a pessoa está sofrendo de insônia, uma vez que ela adquire uma atitude mais flexível em relação aos problemas e dificuldades da vida diária. Ao criar maior harmonia física e mental, a técnica pode ajudá-lo a dormir melhor.

AROMATERAPIA

A aromaterapia consiste de massagem usando extratos de plantas aromáticas e de óleos essenciais, e é excelente para o relaxamento e para aliviar a tensão e os problemas relacionados ao estresse. Os óleos essenciais são destilados de flores, folhas ou raízes de plantas com propriedades curativas específicas. Por meio da pele, essas propriedades passam para a corrente sanguínea e, pelas membranas no interior do nariz, são transportadas para o corpo e para o cérebro. Elas podem afetar os órgãos e glândulas e têm um efeito direto no humor, pois alcançam as partes do cérebro que controlam as emoções. Existem óleos que ao mesmo tempo podem acalmar a pessoa, aclarar as idéias e afastar a depressão, enquanto curam o corpo físico.

Até recentemente a aromaterapia era associada principalmente a tratamentos de beleza. Contudo, os defensores desse tipo de tratamento afirmam que, quando praticado por profissionais competentes, ele pode atenuar problemas como dores reumáticas. Robert Tisserand afirmou, em 1988, que a combinação de massagem, óleos essenciais e relaxamento pode melhorar o sistema imunológico; aliás, em seu livro *Aromatherapy for Everyone* (Aromaterapia para todos), ele dá exemplo dessa utilização terapêutica.

Um aromaterapeuta qualificado fará primeiro uma avaliação, em geral usando um questionário, para verificar o histórico clínico e as necessidades específicas do paciente, procurando, no caso de insônia, as suas causas emocionais e físicas antes de escolher a combinação de óleos. Como cada óleo possui diversas propriedades, o tratamento pode ser realizado em vários níveis ao mesmo tempo e demorar até uma hora, às vezes mais, geralmente massageando todo o corpo. Algumas pessoas consideram isso tão relaxante que dormem na mesa de massagem, enquanto outras acham que nesse estado relaxado elas conseguem falar de seus problemas com o terapeuta. As fragrâncias podem desencadear emoções e a memória, e os pacientes podem experimentar um alívio emocional durante ou depois do tratamento. À medida que as tensões são liberadas, os problemas surgem e a pessoa pode lidar melhor com eles. O aromaterapeuta também pode sugerir mudanças nutricionais ou suplementos vitamínicos, florais de Bach ou remédios à base de ervas.

Os aromaterapeutas podem ajudá-lo a abandonar as pílulas para dormir ou os tranqüilizantes, usando óleos que podem acalmá-lo e, ao mesmo tempo, limpar o seu organismo das drogas. No entanto, lembre-se que, como com qualquer outra terapia natural, é melhor ter o consentimento do seu médico antes de começar a abandonar as pílulas para dormir.

É preferível que um tratamento completo de aromaterapia seja administrado por um profissional, mas seu terapeuta pode indicar uma mistura de óleos para você usar em casa, possivelmente para massagear articulações doloridas ou para ajudá-lo a relaxar no banho. Os óleos também podem ser inalados, colocando uma gota ou mais em um lenço ou pingando algumas gotas em água fervente e respirando o vapor. Você pode comprar óleos essenciais em lojas especializadas ou farmácias. Alguns óleos são mais caros devido à marca ou embalagem. Os preços também podem variar de acordo com a raridade da planta – por exemplo, a camomila azul, que é excelente para insônia, é cara.

Um dos óleos mais eficazes para melhorar o sono é o de alfazema, que é bom também para queimaduras, picadas de inseto, problemas menstruais e para fortalecer o sistema imunológico. Outros óleos bons para insônia são os de lúpulo, camomila e flores de laranja, manjerona e tília. O gerânio ajuda a criar equilíbrio e harmonia e o óleo de melissa é estimulante e pode aliviar a depressão. Todos esses óleos podem ser usados no banho.

Antes de ir para a cama, algumas pessoas gostam de colocar algumas gotas de um óleo essencial no travesseiro ou em um lenço para dormir melhor. Você também pode cheirá-lo se despertar à noite. A alfazema é especialmente boa para ser usada dessa maneira. Deve-se usar apenas de quatro a seis gotas de óleo ou óleos, e uma quantidade menor se sua pele for sensível. Se estiver usando óleos no banho, mexa bem a água para o óleo se espalhar por igual e envolver todo o seu corpo. Fique com o corpo imerso, relaxe e absorva o óleo pela pele e inalando o vapor. Quando os óleos estão misturados, não retêm suas propriedades por muito tempo, portanto devem ser mantidos em frasco escuro, bem fechado e usados em até três meses. Os aromaterapeutas recomendam que o mesmo óleo ou mistura de óleos não devem ser usados sucessivamente durante muito tempo, pois podem perder sua eficácia.

Se você tem um companheiro ou amigo que possa fazer uma massagem no pescoço, nos ombros e na coluna, isso pode ajudar a relaxar e dormir melhor. Lembre-se: os óleos essenciais nunca devem ser ingeridos.

FLORAIS DE BACH

Os florais de Bach foram descobertos pelo dr. Edward Bach, um médico que passou a vida procurando métodos cada vez mais puros de cura. Ele chegou à conclusão de que as doenças são causadas por estados mentais negativos que, se prolongados, prejudicam a saúde física. De modo contrário, a felicidade, baseada no contato com nosso eu mais elevado e os propósitos da vida, permite que o corpo retorne ao seu estado natural de boa saúde.

Em 1934, o dr. Bach deixou seu consultório na cidade e se mudou para o campo para tentar encontrar plantas adequadas para estados mentais específicos. Colocando a mão sobre as plantas para sentir sua energia, ele intuitivamente descobriu 38 remédios para diferentes estados da mente, testando-os em si mesmo e em outras pessoas. Ele listou sete humores – medo, incerteza, falta de interesse no presente, solidão, hipersensibilidade a influências, desespero e superpreocupação com os outros. Depois, subdividiu-os, encontrando, por exemplo, sete remédios para diferentes tipos de medo, incluindo *Mimulus* para medo com causas conhecidas e *Aspen* para medo do desconhecido. Também criou um trigésimo nono remédio, *Rescue Remedy*, composto de cinco florais, para ser usado em caso de choque físico e mental, acidentes e traumas.

Até hoje, esses remédios ainda são preparados segundo o método descoberto por ele. Na época da floração, as flores são colhidas e mergulhadas em bacia com água natural à luz do sol. Segundo os praticantes dos florais, depois de três horas a água começa a borbulhar e faiscar, cheia com a energia das flores. O líquido então é coado e colocado em uma garrafa com uma pequena quantidade de conhaque como conservante. Conhecido como a "matéria-prima" do remédio, chega ao público em pequenas garrafas marrons com conta-gotas. Antes de serem ingeridos, devem ser diluídos ainda mais, duas gotas em uma pequena garrafa de água. Geralmente se recomenda que a pessoa tome quatro gotas dessa garrafa, quatro vezes ao dia.

Os florais de Bach podem ser eficazes sozinhos, ou usados com outros tratamentos naturais. Alguns profissionais consideram mais eficaz prescrever um de cada vez, embora até seis remédios possam ser combinados. A duração do tratamento também é bastante variável. Às vezes os resultados são imediatos, ou podem levar alguns meses para surtir efeito. Outras vezes, as mudanças que provocam acontecem tão naturalmente que as pessoas só vão notá-las bem depois quando olharem para trás.

Os defensores dos remédios dos florais de Bach afirmam que, em razão de seu efeito curativo em nosso bem-estar emocional, eles podem ser muito úteis no tratamento da insônia. Como os remédios são selecionados segundo as características individuais, sintomas e atitudes da pessoa que está sofrendo de insônia, diferentes remédios serão adequados a diferentes pessoas. Por exemplo, se sua insônia é causada por luto repentino, os remédios adequados podem incluir *Star of Bethlehem* para choque e *Honeysucke* para a tendência a viver no passado. *Willow* é boa para ressentimento, *Holly* para raiva e *Olive* para exaustão da mente e corpo. *Oak* é um remédio muitas vezes indicado para preocupação excessiva. Os remédios de Bach também costumam ser úteis para as pessoas que estão abandonando os tranqüilizantes e pílulas para dormir, ajudando-as a lidar melhor com qualquer ansiedade antiga e preocupações que podem voltar à tona no período de retirada da droga.

Qualquer pessoa pode se tratar com os remédios dos florais de Bach com o auxílio do manual do dr. Bach, *The Twelve Healers and Other Remedies*. Os remédios encontram-se à venda em farmácias de produtos naturais e farmácias homeopáticas. Como pode ser difícil decidir que remédios são melhores para você, no começo é melhor receber orientação de um profissional. Ao se familiarizar com os remédios, ficará mais fácil escolher o que lhe é mais adequado.

HOMEOPATIA

Desenvolvida no século XVIII por um médico alemão, Samuel Hahnemann, a homeopatia é um sistema completo de medicina que pode tratar os insones em muitos níveis, incluindo o corpo, a mente e o sistema energético. Está baseada na administração de pequenas doses de substâncias naturais (plantas etc.) que, em vez de suprimir sintomas, estimula o corpo a reagir.

Do ponto de vista da homeopatia, a insônia não é algo que possa ser tratado de maneira isolada – é preciso examinar toda a pessoa. A insônia freqüentemente é parte de um padrão mais amplo relacionado com a maneira como enfrentamos nossas ansiedades e sentimentos diários, que algumas vezes pode ser o resultado de padrões desenvolvidos na infância ou adolescência ou de algum trauma posterior. Na primeira consulta, o profissional geralmente fará ao paciente uma série de perguntas sobre suas emoções, preferências alimentares, sonhos, sentimentos, atitudes e estilo de vida, bem como sobre seus sintomas físicos. O remédio ou remédios só serão prescritos quando um quadro completo da pessoa for estabelecido, e serão escolhidos para tratar tanto dos sintomas associados com a insônia quanto com suas causas subjacentes.

Embora existam pílulas homeopáticas para dormir, elas não são adequadas para todos. "Matéria Médica", de W. Boericka, o livro básico de referências da homeopatia, descreve um amplo espectro de tipos de insônia como pensamentos perturbadores, despertar precoce, medo, ansiedade e mal-estar pela manhã, e indica medicamentos diferentes para cada um deles. Portanto, é impossível recomendar uma medicação para insônia que seja adequada a todas as pessoas. E, como os remédios homeopáticos demoram a fazer efeito, existem alguns riscos na automedicação a longo prazo. Um farmacêutico homeopata pode recomendar uma medicação, mas provavelmente o aconselhará a procurar um médico homeopata. Contudo, se você estiver interessado em usar a homeopatia para primeiros socorros em casa, existem vários bons livros disponíveis. (Ver Leituras Complementares.)

Para as pessoas que estão abandonando as pílulas para dormir ou tranqüilizantes, os remédios homeopáticos são considerados como ajuda para fortalecer o organismo e, ao mesmo tempo, limpá-lo. Se durante o período de retirada as pessoas experimentarem novamente os problemas emocionais que as levaram a tomar as pílulas para dormir, um bom homeopata também oferecerá aconselhamento ou orientará o paciente a procurar um especialista na área, se necessário.

MASSAGEM

Uma das mais antigas e naturais formas de terapia, a massagem era praticada nos tempos antigos no Oriente e, mais tarde, pelos médicos da Grécia Antiga que a incluíam como parte do seu tratamento médico. Ela tem se tornado cada vez mais popular no Ocidente nas últimas décadas e é considerada uma terapia útil tanto por praticantes quanto por profissionais da área médica. Tradicionalmente, o "toque curativo" há muito foi reconhecido como terapêutico. Toque e relaxamento são curativos por si mesmos.

A massagem é uma maneira eficaz e agradável de lidar com as tensões e o estresse associados à insônia. É especialmente útil para pessoas que têm dificuldade para relaxar. Deitar-se e ter o corpo massageado pode aliviar todos os tipos de tensões musculares e mentais. A massagem também estimula a circulação do sangue e da linfa, melhorando o fluxo de oxigênio e nutrientes essenciais no sangue, e também ajuda o corpo a livrar-se das toxinas. Isso pode ser particularmente benéfico para problemas como reumatismo e artrite.

Existem vários métodos de massagem. Provavelmente, o mais conhecido é a massagem sueca, que usa diversas técnicas para aliviar o estresse, estimular a circulação, tirar a tensão dos músculos e diminuir a gordura. A massagem profissional pode durar uma hora ou mais e é uma experiência muito agradável. Atualmente, os massagistas terapêuticos muitas vezes combinam óleos da aromaterapia com seus óleos de massagem.

Quase todas as pessoas podem se beneficiar com a massagem, do bebê ao idoso. O excelente trabalho da dra. Anne Kubler-Ross com doentes terminais mostra como o toque suave da massagem pode confortar e acalmar. Ela também ressalta que os idosos podem se beneficiar muito com o toque e, muitas vezes, são privados dele.

Muitas pessoas acham que fazer massagem pode ser tão calmante quanto recebê-la. Qualquer pessoa pode fazer massagem. Se você é uma delas, uma boa idéia é se concentrar no pescoço e nos ombros que, com freqüência, são áreas de tensão. Se não tiver treino, lembre-se de manter o toque suave. É possível aprender muito em livros como o de Lucinda Lidell, *The Book of Massage*, que tem instruções para massagem, shiatsu e reflexologia, com seções sobre massagem em bebês e idosos, e também traz explicações sobre os sistemas e centros de energia.

A massagem nos pés também pode ser muito calmante, mental e fisicamente. Entre outros benefícios, ela pode eliminar a tensão da cabeça, ajudando a acalmar uma mente hiperativa e favorecendo o sono.

Fazer uma massagem em si mesmo não é tão bom quanto recebê-la de outra pessoa, mas também pode ser relaxante. Começando na cabeça, tente massagear o pescoço e os ombros, pressionando suavemente e soltando, com as palmas das mãos e os dedos. O simples ato de massagear as mãos e os dedos também pode aliviar a tensão.

ERVAS MEDICINAIS

As ervas medicinais vêm sendo usadas há séculos, em todo o mundo, e atualmente têm se tornado cada vez mais populares em resposta à preocupação com as drogas e a crescente demanda das pessoas por formas mais naturais de medicação. Os profissionais que as utilizam tendem a tratar não apenas os sintomas, mas recomendam preparações e remédios para melhorar a vitalidade geral e o bem-estar emocional, limpando o organismo das toxinas e restaurando o equilíbrio e a harmonia, e afirmando que o sono é uma conseqüência natural. Embora, em geral, as ervas sejam seguras e não tenham os efeitos colaterais dos produtos farmacêuticos, elas são substâncias potentes e você deve procurar alguém adequadamente treinado.

Os profissionais avaliam os sintomas e o equilíbrio geral dos diversos sistemas do corpo, procurando ver se há qualquer desarmonia subjacente. No tratamento da insônia, eles procuram descobrir o que está contribuindo para a falta de sono e examinarão o estilo de vida do paciente, incluindo exercício e nutrição. A medicina com ervas pode agir muito rapidamente, em especial quando os pacientes têm uma boa dieta. Em problemas crônicos ou de longa duração, no entanto, a saúde demora um pouco a ser restaurada, pois as ervas funcionam de forma suave e completa, desintoxicando e fortalecendo o organismo do paciente. O tratamento é um esforço conjunto em que os pacientes fazem sua parte adotando qualquer mudança que lhes seja recomendada. Como muitos outros profissionais da medicina natural, aqueles que trabalham com ervas acreditam que confiar nelas simplesmente como tranqüilizantes é como confiar nas drogas farmacêuticas, pois elas podem levar à dependência psicológica, impedindo-o de lidar com as causas do problema.

Bebidas de ervas

Os chás de ervas estão se tornando cada vez mais populares como substitutos para as bebidas com cafeína. Há uma enorme variedade de chás à venda no mercado, alguns deles com misturas especiais para ajudar a relaxar e dormir. Como podem ser muito caros, talvez você queira comprar ervas soltas e tentar fazer a sua própria mistura ou usá-las isoladamente. As ervas podem perder sua eficácia com o tempo, portanto é melhor comprá-las em quantidades pequenas e guardá-las em jarras hermeticamente fechadas, usando-as logo.

As infusões de ervas são ligeiramente mais fortes do que os chás e os profissionais recomendam tomá-las para propósitos medicinais até três vezes ao dia. Você pode fazer sua própria infusão com uma ou mais ervas, usando um ou duas colheres de chá cheia de folhas ou flores secas para uma xícara. Use uma pequena chaleira e despeje a água nas ervas quando começar a ferver. Depois deixe o líquido coberto durante pelo menos cinco a dez minutos antes de tomá-lo.

As ervas que ajudam a dormir incluem a camomila, que é uma das mais conhecidas para acalmar os nervos e auxiliar na digestão. Considera-se que ela tem efeito cumulativo, tornando-se mais eficaz depois de algum tempo. Algumas pessoas acham o sabor suave, mas ela tem a desvantagem de ser levemente diurética. A tília produz um chá noturno agradável e eficaz e é bom para dor de cabeça, tensão nervosa e inquietação geral. A *Scutellaria laterifolia* é tônica e sedativa. É rica em magnésio e cálcio, que ajudam a fortalecer o sistema nervoso. A *passiflora* (flor da paixão) também auxilia a restaurar o sono e é um dos ingredientes de muitas pílulas para dormir feitas à base de ervas. A raiz valeriana é bem conhecida como sedativo. No entanto, tem gosto e odor desagradáveis e as pessoas preferem misturá-la com outras ervas de sabor mais agradável. Tem um efeito mais forte do que a maioria das ervas e, às vezes, pode provocar dor de cabeça quando ingerida em grande quantidade.

As ervas também podem ser usadas no banho, fazendo-se uma mistura ou infusão extraforte, macerada, coada e adicionada à água do banho. A tília e o lúpulo são bons para a insônia. Faça uma infusão despejando uma xícara de água fervente em uma tigela contendo três cabeças esmagadas de tília e deixe-a tampada por dez minutos. Você também pode usar camomila ou uma mistura de ervas ou encher um saquinho de musselina com as flores e amarrá-lo na torneira de água quente para que a água flua através dele. Antes de entrar no banho, acrescente uma infusão coada das mesmas ervas.

Se você tomar um remédio de ervas, para um problema crônico ou duradouro, pode esperar alguma melhora em dois ou três dias, mas o efeito completo só virá em duas ou mais semanas. Quando melhorar, vá diminuindo aos poucos. As ervas realmente não viciam no sentido físico, mas podem levar à dependência psicológica. Os profissionais também observam que, por agirem no sistema nervoso central, elas não devem ser tomadas regularmente durante semanas sem interrupção.

NATUROPATIA

A naturopatia, que algumas vezes também é chamada de cura natural, é uma das formas mais antigas e bem estabelecidas da medicina natural e holística. Baseia-se no princípio de que o corpo tem seus próprios poderes restauradores e curativos e, portanto, sob as condições corretas, pode curar a si mesmo. As condições corretas para a boa saúde incluem nutrição, exercício, relaxamento, um sistema muscular e ósseo equilibrado e desestressado, e uma visão positiva da vida. O tratamento consiste, principalmente, em tentar remover os obstáculos à saúde em vez de adicionar formas extras de curas. Contudo, muitos naturopatas usam algumas ervas e preparações homeopáticas, segundo sua avaliação das necessidades do paciente. Muitos naturopatas também são treinados em osteopatia, que ajuda não só a aliviar as tensões estruturais e musculares mas também a dor.

Alguns profissionais podem recomendar jejum para que o corpo possa eliminar toxinas acumuladas – um jejum completo ou alguns dias ingerindo frutas e sucos de frutas. O jejum não é adequado para todos, e o naturopata analisará seu organismo e necessidades pessoais antes de recomendá-lo. Os naturopatas não orientam apenas o aspecto da nutrição, mas também examinam todo o seu estilo de vida, incluindo o trabalho e qualquer ansiedade causada por estresses particulares. Eles também indicarão exercícios adequados e técnicas de relaxamento e o incentivarão a fazer mudanças em seu estilo de vida. A abordagem da naturopatia com relação ao tratamento da insônia baseia-se em tratar os problemas subjacentes.

OSTEOPATIA E QUIROPRÁTICA

Esses dois métodos de tratamento dos ossos, dos músculos e das articulações que formam nosso sistema musculoesquelético estão se tornando cada vez mais aceitos pela medicina ortodoxa.

Cada um desses métodos se desenvolveu de maneira independente nos Estados Unidos, no final do século XIX. Eles são diferentes, embora algumas técnicas sejam utilizadas por ambos. Também existem diferenças nas técnicas usadas pelos profissionais de diferentes escolas.

Tanto a osteopatia como a quiroprática estão baseadas no princípio de que a saúde da coluna tem um efeito profundo no bem-estar geral. A medula espinhal, uma extensão do cérebro, conecta-se com todos os órgãos do corpo por meio dos sistemas circulatório e nervoso. Assim, embora as pessoas geralmente procurem essas terapias para aliviar dores nas costas e nas articulações, elas podem ser úteis para uma ampla variedade de problemas – por exemplo, asma, enxaqueca, indigestão e tensão pré-menstrual. Alguns profissionais, particularmente os que também foram treinados em naturopatia, interessam-se bastante pela nutrição e podem aconselhar dietas e suplementos.

Em geral manipular e ajustar a coluna vertebral não é doloroso, e os efeitos podem ser extremamente relaxantes. As dores no pescoço, por exemplo, com freqüência levam à insônia e o tratamento quiroprático é capaz de aliviar a dor e ajudar a restaurar um bom padrão de sono. Os profissionais relatam que um número cada vez maior de idosos está procurando essas terapias para aliviar dores nas costas e artrite. A manipulação pode não curar a artrite, mas alivia a pressão nas articulações e melhora a circulação do sangue. Os profissionais usam uma variedade de técnicas, bem como a manipulação direta. Entre essas técnicas está a massagem específica dos músculos, e também métodos que podem ajudar a realinhar as articulações, relaxar corpos tensos e estimular a boa circulação do sangue.

As técnicas de manipulação muitas vezes podem ajudar os insones e não apenas aliviar dores nas costas ou nas articulações. O tratamento pode ser um excelente alívio para o estresse. Por exemplo, insônia, dor de cabeça, enxaqueca e tensão geral muitas vezes estão ligados a problemas nas vértebras do pescoço, que tanto o osteopata quanto o quiroprático podem aliviar ou curar.

REFLEXOLOGIA

Há registros que mostram que as técnicas de reflexologia eram praticadas pelos antigos egípcios. A reflexologia foi redescoberta em 1920 pelo médico americano dr. William Fitzgerald e está se tornando cada vez mais popular como uma forma de terapia natural.

A reflexologia, além de ser um tratamento terapêutico natural para diversos problemas, é também profundamente relaxante. Os praticantes afirmam que com freqüência os pacientes dormem enquanto seus pés estão sendo manipulados. Como a acupuntura, ela está baseada na teoria de que os canais de energia fluem pelo corpo, embora estes não sejam os mesmos nas duas terapias. No caso da reflexologia, existem dez canais nos pés e nas mãos que podem levar a zonas reflexas específicas. Os pés representam uma espécie de mapa do corpo: os dedões estão ligados à cabeça e ao pescoço e a lateral do pé à coluna. Pontos reflexos para o fígado, rins e outros órgãos estão na parte macia do pé.

Os reflexologistas são treinados para encontrar os bloqueios de energia nos pés e desbloqueá-los com a massagem, incentivando o fluxo de energia e estimulando o corpo a curar-se. Alguns pacientes realmente podem sentir a energia na parte do corpo relacionada ao ponto que está sendo tratado no pé. Em geral, a reflexologia é um tratamento completamente indolor, embora algumas vezes a pressão em um local específico possa provocar dor. Contudo, não dura muito. Você pode ser tratado em pé ou deitado. O profissional lhe fará um tratamento completo nos dois pés e depois se concentrará nas áreas problemáticas.

Os praticantes assinalam que a reflexologia é muito boa para o alívio de uma grande variedade de problemas, como dores crônicas, desequilíbrios hormonais e outros problemas que podem estar afetando o seu sono. A terapia também é boa para aliviar o estresse, a tensão e os desequilíbrios emocionais, proporcionando um sono adequado. Para a insônia, em geral são focalizadas as partes do pé que refletem problemas na área da cabeça, incluindo a glândula pituitária – a principal glândula do sistema hormonal – e as glândulas supra-renais, que podem estar trabalhando excessivamente por causa do estresse. O plexo solar é outro ponto que provavelmente receberá atenção, e talvez lhe peçam para respirar profundamente enquanto recebe a massagem. Depois de um tratamento de reflexologia a maioria das pessoas dorme muito bem. Da mesma maneira como ocorre com as outras terapias naturais, serão necessárias várias sessões para obter um efeito a longo prazo.

SHIATSU

O shiatsu é uma forma de massagem oriental desenvolvida no Japão no começo do século XX. Baseia-se nos mesmos princípios da acupuntura, mas utiliza as mãos, os dedos, os nós dos dedos e o cotovelo para estimular os pontos de acupuntura e reequilibrar os meridianos. Como a acupuntura, o shiatsu tem como objetivo reequilibrar o sistema de energia do corpo e assim aliviar as dores, tensões e estresse. Um praticante de shiatsu pode ensiná-lo a fazer automassagem em pontos que ajudarão a relaxar e melhorar o sono.

CURA ESPIRITUAL

Esta forma de cura é, numericamente, a maior das terapias naturais e está se tornando cada vez mais popular à medida que um número crescente de pessoas reconhece que os seres humanos são mais do que apenas o corpo material, físico. Algumas pessoas desconfiam da cura espiritual porque ela não pode ser completamente explicada e por suas associações espiritualistas. Contudo, não há nada de estranho em uma sessão de cura. Os curadores têm crenças variadas e pertencem a todos os tipos de religiões, ou a nenhuma. E embora muitos curadores e espiritualistas considerem seus dons como uma ajuda de espíritos curadores, nem todos são assim. Atualmente, os poderes de cura muitas vezes são explicados em termos do sistema de energia do corpo e não de espíritos ou do mundo espiritual.

O tema comum à maioria das formas de cura espiritual é a crença em uma energia cósmica ou divina que é totalmente benigna e amorosa. Os curadores vêem a si mesmos como canais para essa energia que é transferida para os pacientes pelas mãos do curador – ou por seus pensamentos, no caso de curas a distância. Os desequilíbrios causados por trauma emocional e estresse físico aparecem no campo de energia antes de surgir como sintomas físicos. Geralmente, é nesse campo energético que a cura começa. Pela transferência da energia curadora, os curadores afirmam que a harmonia é restaurada no corpo, na mente e no espírito – daí o termo "cura espiritual".

Uma sessão de cura pode durar de 20 minutos a uma hora ou mais. O curador primeiro conversará com você e depois lhe pedirá para deitar ou sentar. Muitos deles trabalham quase que totalmente com o campo energético no qual afirmam poder sentir as áreas problemáticas ao redor do corpo. Outros colocarão as mãos diretamente sobre as áreas doloridas, muitas vezes aliviando rapidamente a dor. Outros combinam as duas técnicas. A cura com freqüência é uma experiência muito relaxante e os praticantes enfatizam que seus efeitos calmantes e reanimadores na mente e no corpo podem ser extremamente úteis na insônia. Algumas pessoas dormem durante as sessões de cura, enquanto outras afirmam dormir muito bem depois. Os pacientes muitas vezes deixam a sessão sentindo-se emocional e espiritualmente animados. Os curadores também podem fornecer apoio regular para pessoas que atravessam períodos difíceis, ajudando-as a expressar as emoções reprimidas e estimulando-as a desenvolver os próprios recursos interiores.

Como em qualquer outro tipo de terapia natural, os resultados raramente são instantâneos. O tempo necessário para haver melhora dependerá muito da doença e das características de cada paciente, assim como de outros fatores, como o tempo de duração do problema. Embora a fé não seja necessária, os praticantes afirmam que os pacientes podem ajudar no processo de cura se tiverem a mente aberta. Algumas pessoas afirmam ter sentido a energia fluindo do curador como uma corrente quente ou fria ou como um formigamento agradável. No entanto, não é necessário sentir algo para ocorrer a cura.

Alguns curadores se dizem clarividentes ou fortemente intuitivos, o que ajuda a detectar as causas dos problemas das pessoas. Alguns são também bons conselheiros intuitivos e os cursos de preparação de curadores cada vez dão mais espaço ao desenvolvimento das habilidades de aconselhamento. De acordo com eles, é importante curar não apenas o físico, mas as causas emocionais e espirituais da doença. Muitos estimulam os pacientes a participarem do alívio de estresses com métodos como a visualização, a meditação e o perdão.

Conclusão

Começamos este livro examinando como e por que necessitamos do sono e a natureza e conseqüências da insônia. Assim, tendo uma informação precisa sobre o sono, você poderá lidar melhor com o seu problema e não irá agravá-lo ainda mais, preocupando-se sem necessidade com o sono em si. Depois, vimos as causas da insônia. Se você sofre de insônia, a primeira coisa que precisa saber é a natureza do problema. Ao conhecer a natureza do sono e da insônia e aprendendo a se conhecer, para descobrir o quanto você dorme na realidade, estará em condições de compreender a natureza do seu problema de sono.

O automonitoramento e um diário nos permitem conhecer a natureza exata do problema – quanto e quando você dorme à noite, assim como a maneira como enfrenta os problemas do cotidiano. Provavelmente, você ficou surpreso com algumas crenças errôneas que talvez tivesse interiorizadas.

Também examinamos várias estratégias, técnicas e terapias que podem ajudar a estimular um sono melhor. Anote aquelas que são adequadas a você e faça o seu plano de tratamento. Lembre-se: a necessidade de sono de cada pessoa é diferente e a maioria delas ocasionalmente passa uma noite em claro. A preocupação com a falta de sono só piora o problema.

Após ter se decidido a combater a insônia, talvez você precise reconhecer que terá de fazer mudanças em outros aspectos da sua vida. Vimos como a insônia muitas vezes é um reflexo das dificuldades de nosso cotidiano – nosso estilo de vida pode ser muito lento ou muito rápido ou podemos ser perturbados por nossos humores e emoções. Este livro nos mostra como examinar nossos métodos habituais de enfrentar os problemas cotidianos. Ele nos mostra como identificar nossas crenças e a maneira como elas influenciam o que pensamos sobre nós mesmos e sobre as outras pessoas e como desafiar as crenças que não são mais úteis.

Como vimos, há muitas maneiras de realizar mudanças, como por exemplo adotar um estilo de vida mais equilibrado, usando técnicas de relaxamento e de meditação e aprendendo maneiras mais eficazes de lidar com as emoções. Alguns de vocês talvez queiram explorar as terapias naturais. Seja qual for o método escolhido, lembrem-se de que qualquer coisa recentemente aprendida precisa de tempo e de prática para se estabelecer. Os antigos padrões de pensamento e comportamento demoraram para se estabelecer – às vezes, uma vida inteira –, portanto, não é surpreendente que as novas maneiras também precisem de tempo e prática. O importante é ter persistência. De vez em quando, talvez você volte ao hábito antigo. Não se desespere nem pense que seus esforços foram em vão. Simplesmente volte aos princípios básicos que você descobriu que o ajudam a superar a insônia, faça uma rápida revisão e com um pouco de prática logo estará de volta ao caminho certo.

Leituras complementares

Bach, dr. Edward. *The twelve healers and other remedies*. Saffron Walden, C. W. Daniel, 1989.

Boericka, William. *The homeopathic Materia Medica with repertory*. Sittingbourne, The Homeopathic Bookservice, 1987.

Clover, dra. Anne. *Homeopathy: a patient's guide*. Wellingborough, Thorsons, 1984.

Courtney, Anthea. *Natural sleep*. Wellingborough, Thorsons, 1990.

Cummings, Stephen e Ullman, Dana. *Everybody's guide to homeopathic medicines*. Londres, Gollancz, 1989.

Douglas, Jo e Richman, Naomi. *My child won't sleep*. Londres, Penguin Books, 1984.

Fanning, Patrick. *Vizualization for change*. Oakland, CA, New Harbinger Publications, 1994.

Graham, Helen. *A picture of health*. Londres, Piatkus, 1995.

Harvey, David. *The power of healing*. Londres, Aquarian Press, 1983.

Horne, James. *Why we sleep*. Oxford, Oxford University Press, 1988.

Lambley, Peter. *Insomnia and other sleeping problems.* Sphere, 1982.

Lidell, Lucinda. *The book of massage.* Londres, Ebury Press, 1984.

McCormick, Elizabeth. *Change for the better.* Londres, Unwin, 1990.

Shakti, Gawain. *Creative visualization.* Mill Valley, CA, Whatever Publishing, 1978.

_____. *The creative visualization workbook,* New World Library, Berkeley, CA, 1992.

Tisserand, Robert. *Aromatherapy for everyone.* Londres, Penguin Books, 1988.

Índice remissivo

acalmando 106-12
aconselhamento 28, 143, 147-8, 159, 169
acordar de madrugada 30
  causas 38
açúcar 73
acupuntura 148-50
administração do tempo 107
adolescentes 23-4
  álcool 39, 75, 109
  buscando consolo pela bebida 53-4
  e apnéia do sono 32-3
ajuda profissional 142-3
alergias e sensibilidades 39, 75-6
Alexander, Frederick 150-52
alimentação
  distúrbios 40
  efeitos da tensão 53-4
alimentos e bebidas 38-40, 72-5, 109
alimentos processados 73
anorexia nervosa 40
ansiedade
  antecipando o barulho 78
  diários de estresse 100-2
  em situações específicas 104-5
  estimulando e piorando 102-3
  sedativos à base de ervas 71-2
  e tipos de insônia 30-1
  ver também preocupações
antibióticos 146
apnéia do sono 32-3
ar fresco 80
aromaterapia 87, 146, 152-5
assertividade 136-7
automonitoramento 130-1
  diário de estresse 100-2
auto-realização 113-4
Bach, dr. Edward 155-57
banhos 87
  ervas 163
bebês 17, 23, 26, 40
bebidas 74-5
  ervas 161-3
buscando consolo, pela tensão 53-4
café 38-9, 75, 101, 109
cafeína 38-9, 74
cálcio 74-5
camas 79
cansaço e fadiga 62
  três fases do 63-4
capacidade de concentração 108-9
carboidratos 73-4

cérebro
    atividade 19-21
    hemisférios 115
chá 38-9, 75, 109
    ervas 161-3
ciclo de vida 40-3
clínicas de sono 96
contagem da respiração 93
controle da tensão 103-4
    ver também relaxamento
coração e circulação, efeitos do estresse 45
cores 79
corujas e cotovias 17-8
cotovias e corujas 17-8
crenças 131
crenças negativas 131
crescimento 15-6
crianças 23, 40-1
cura espiritual 167-9
curvas de energia 108
delegando 109
depressão 135-6
    e tipos de insônia 30-1
desacelerando 86
descanso 15
diálogo interno 88-90
    mudando 133
diários de estresse 100-1
diários de sonho 27
diários de sono 80-1
diferenças de fuso horário 35
dificuldade para pegar no sono 30
    causas 37-8
    lidando com 93-4
distração 90-1
dizendo não 110
doença, estresse e 54-7
dor 34

emoções
    expressando 134-40
    sintomas do estresse 47
endorfinas 116, 150
ensaio na imaginação 92
envelhecimento *ver* pessoas idosas
ervas medicinais 160-3
    bebidas 161-3
    sedativos 71-2
Escala Classificatória de Adaptação Social 57-9
estresse
    acalmando 106-12
    causas 55-6
    controlando 65-6
    e cansaço 64
    e doença 54-5
    e vida diária 43-4
    lidando com 100-3
    sintomas 46-9
    técnicas de primeiros socorros 103-6
    três fases do 49-54
exaustão 64
excesso de estímulo 61-2
    técnicas de primeiros socorros 105-6
excesso de peso 33
exercício 67, 110-2
fadiga *ver* cansaço e fadiga
falta de estímulo 41-2, 49-50
    lidando com 102
fases do sono 18-21
fazendo uma catástrofe 134
Fitzgerald, dr. William 166
florais de Bach 155-7
Freud, Sigmund 26
frutas 73-4
fumo 54

ganho secundário 89
gravidez 24
Hahnemann, Samuel 157
hiperventilação 121
hipotálamo 45
histórias de vida 128-9
homeopatia 157-9
Horne, Jim 17, 21-2
hostilidade 139-40 *ver também* raiva
imagens mentais 91
insônia condicionada 29, 81-3
insônia de repercussão 71
intenção paradoxal 95-6
jejum 164
Jung, Carl 26
Kubler-Ross, Anne 160
leite 74-5
massagem 159-60
Materia medica 158
meditação 120
   exercício 120-1
melatonina 19
menopausa 24, 41
meridianos 148-50
método de controle de estímulo 81-3
mito das "8 horas de sono" 25-6
mudança *ver* mudanças na vida
mudanças na personalidade, pela tensão 53
mudanças na vida 56-9
mulheres
   e raiva 141
   mudanças da meia-idade 41
   necessidades de sono 24
naturopatia 163-4
Navajo 124-5
necessidades de sono de adultos 24
observar – parar – mudar 90
ondas alfa 19, 91, 115

ondas delta 19-20
ondas teta 19
osteopatia 164-5
ouvindo os pensamentos 91-2
padrões de sono
   efeitos da tensão 53
   pré e pós-industrial 13-4
   restabelecendo 96-7
pensamentos
   interrompendo 93
   reconhecendo 132-4
pensamentos negativos 132-4
perdão 139-40
pesadelos 28
   acalmando 124-5
peso
   efeitos do estresse 54
   excesso de peso 33
   perda repentina 40
pessoas idosas
   depressão 136
   beber tarde da noite 74
   massagem 160
   necessidade de sono 24-5
   osteopatia e quiroprática 164-5
   problemas de sono 41-3
pílulas para dormir 33, 68-9
   abandonando 69-71, 150, 153-4, 158-9
preocupações (noturnas) 87-8
   lidando com 88-93
problemas conjugais 140-1
problemas de saúde 32-6
profissionais naturalistas 147-8
pseudo-insônia 34
psicoterapia 28, 143
qi 148
quartos 79-80
queijo 73

quiroprática 164-5
raiva 137-8
  lidando com 138-9
  mulheres e 141
  ver também hostilidade
reação de estresse 44-6
refeições, horário 72-3
reflexologia 166-7
relacionamentos 140-1
relaxamento 86-7, 115-20
  exercícios 86-7, 117-20
  ver também controle da tensão
relógio biológico 16-7
  com defeito 35
respiração 121
  efeitos do estresse 45
  exercícios 121-2
ressentimento 137-8
  lidando com 138-9
Revolução Industrial 13-4
ritmos circadianos 16-7
ronco 33
rotinas para a hora de dormir 84-7
ruídos 77-8
sal 73
saladas 73
serotonina 19, 74
sexo 85, 140
shiatsu 167
síndrome das pernas agitadas 32
sintomas comportamentais de estresse 48-9
sintomas físicos do estresse 46-7
sintomas mentais de estresse 47-8
sistema de estimulação 44-5
sistema digestivo, efeitos do estresse 45-6
sonecas 67-8
  pessoas idosas 41-3, 67

sonho 20, 26-8
sono
  ciclos individuais 16-8
  fases 18-21
  funções 15-6
  mitos 25-6
  necessidades 21-5
  preparando-se para 83-4
  ritmos de duas horas 95
sono de ondas lentas 21-2
sono intermitente 30
  causas 38
  lidando com 94-5
sono ortodoxo 26
sono paradoxal *ver* sono REM
sono principal 22-3
sono REM (Movimento Rápido dos Olhos) 20-1, 26
suplementos 76-7
suplementos vitamínicos e minerais 76-7
tecidos naturais 80
Técnica de Alexander 150-2
tempo de prazer 112-3
tensão 52-3
  e doença 54-5
  reconhecendo a 53-4
  técnicas de primeiros socorros 105-6
terapias holísticas 145
Tisserand, Robert 153
trabalho noturno 35-6
triptofano 74
tristeza 135-6
vegetais 73
visualização 122-3
  exercícios 123-5
vivendo no presente 142
vizinhos barulhentos 78-9

A autora

Dilys Davies é psicóloga clínica e psicoterapeuta especializada em problemas que afetam o sono. Trabalha na seção de psicoterapia da British Psychological Society e como consultora da World Health Organization para o tratamento da insônia.

Impresso em off set

Rua.Clark,136-Moóca
03167-070 - São Paulo - SP
Fonefax:6605-7344
E-MAIL-bookrj@terra.com.br

com filmes fornecidos pelo editor

Leia também

ANOREXIA E BULIMIA
Julia Buckroyd

Nos últimos 25 anos, a anorexia e a bulimia transformaram-se em endemias entre os jovens do mundo ocidental. O livro traz informações atualizadas sobre o assunto, que ainda é pouco conhecido. A autora esclarece como a sociedade e a cultura colaboram com a criação dessas doenças, descreve os sintomas, as conseqüências e também como ajudar no âmbito familiar e profissional. REF. 20710.

ANSIEDADE, FOBIAS E SÍNDROME DO PÂNICO
Elaine Sheehan

Milhares de pessoas sofrem de síndrome do pânico ou de alguma das 270 formas de fobias conhecidas. O livro aborda os diferentes tipos de ansiedade, fobias, suas causas e sintomas. Ensina meios práticos para ajudar a controlar o nível de ansiedade e orienta quanto à ajuda profissional quando necessária. REF. 20707.

DEPRESSÃO
Sue Breton

A depressão cobre uma vasta gama de emoções, desde o abatimento por um episódio do cotidiano até o forte impulso suicida. Este guia mostra os diferentes tipos de depressão e explica os sentimentos que os caracterizam, para ajudar os familiares e os profissionais a entender a pessoa em depressão. Ensina também como ajudar a si mesmo e a outros depressivos. REF. 20705.

DEPRESSÃO PÓS-PARTO
Erika Harvey

O livro mostra a diferença entre a depressão conhecida como "baby blues", que afeta quase todas as mulheres após o parto, sem maiores conseqüências, e a depressão grave que requer intervenção de profissional capacitado. Saber identificar essa diferença, às vezes bastante sutil, cabe à própria mulher, aos familiares à sua volta e aos seus médicos, e esta leitura é de grande utilidade para todos. REF. 20806.

ESTRESSE
Rochelle Simmons

Informações de caráter prático sobre este "mal do século" tão citado e pouco entendido. Descreve a natureza do estresse, técnicas de relaxamento e respiração, ensina a acalmar os sentidos e a gerenciar o estresse de forma positiva. REF. 20708.

LUTO
Ursula Markham
Todos nós, mais cedo ou mais tarde, vamos ter de lidar com a perda de alguma pessoa querida. Alguns enfrentarão o luto com sabedoria inata; outros, encontrarão dificuldades em retomar suas vidas. Este livro ajuda o leitor a entender os estágios do luto, principalmente nos casos mais difíceis como os das crianças enlutadas, a perda de um filho ou, ainda, os casos de suicídio. REF. 20712.

MAUS HÁBITOS ALIMENTARES
Paulo Eiró Gonsalves
Às vezes sabemos que determinada coisa não é muito saudável, mas, na dúvida, continuamos a usá-la. Outras vezes, desconhecemos totalmente a composição do que ingerimos. Este livro vai ajudar a esclarecer todas as dúvidas sobre o teor dos "maus" alimentos, naturais ou manipulados, e será de grande ajuda para quem já percebeu que a boa saúde requer bons hábitos alimentares. REF. 20793.

TIMIDEZ
Lynne Crawford e Linda Taylor
A timidez excessiva interfere na vida profissional, social e emocional das pessoas. Este livro mostra como identificar o problema e como quebrar os padrões de comportamento autodestrutivos da timidez. Apresenta conselhos e técnicas simples e poderosas para enfrentar as mais diversas situações. REF. 20706.

TRAUMAS DE INFÂNCIA
Ursula Markham
Um trauma de infância pode ter sido causado pela ação deliberada de uma pessoa ou pode ter ocorrido acidentalmente. A autora mostra como identificar esse trauma e como lidar com ele por meio de exercícios e estudos de caso. O número de pessoas que sofreu alguma situação traumática na infância é imenso e a leitura deste livro poderá ajudá-las a superar e a melhorar sua qualidade de vida. REF. 20709.

VÍCIOS
Deirdre Boyd
Os vícios – álcool, drogas, sexo, jogo, alimentos e fanatismos – constituem um dos maiores problemas a enfrentar atualmente no mundo todo. Eles comprometem a vida de pessoas de idades e classes sociais variadas, tanto as adictas quanto seus familiares e companheiros. O guia mostra os últimos estudos sobre as origens dos vícios, suas similaridades e como lidar com cada um deles. REF. 20711.

------ dobre aqui ------

ISR 40-214c
UP AC CENTRA
DR/São Paulo

CARTA RESPOSTA
NÃO É NECESSÁRIO SELAR

O selo será pago por

SUMMUS EDITORIAL

05999-999 São Paulo-SP

------ dobre aqui ------

INSÔNIA

------ recorte aqui ------

CADASTRO PARA MALA DIRETA

Recorte ou reproduza esta ficha de cadastro, envie completamente preenchida por correio ou fax, e receba informações atualizadas sobre nossos livros.

Nome: _____ Empresa: _____
Endereço: ☐ Res. ☐ Coml. _____ Bairro: _____
CEP: _____ - _____ Cidade: _____ Estado: _____ Tel.: ( ) _____
Fax: ( ) _____ E-mail: _____
Profissão: _____ Professor? ☐ Sim ☐ Não Disciplina: _____ Data de nascimento: _____

1. Você compra livros:
☐ Livrarias ☐ Feiras
☐ Telefone ☐ Correios
☐ Internet ☐ Outros. Especificar: _____

2. Onde você comprou este livro? _____

3. Você busca informações para adquirir livros:
☐ Jornais ☐ Amigos
☐ Revistas ☐ Internet
☐ Professores ☐ Outros. Especificar: _____

4. Áreas de interesse:
☐ Psicologia ☐ Comportamento
☐ Crescimento Interior ☐ Saúde
☐ Astrologia ☐ Vivências, Depoimentos

5. Nestas áreas, alguma sugestão para novos títulos? _____

6. Gostaria de receber o catálogo da editora? ☐ Sim ☐ Não
7. Gostaria de receber o Ágora Notícias? ☐ Sim ☐ Não

Indique um amigo que gostaria de receber a nossa mala direta

Nome: _____ Empresa: _____
Endereço: ☐ Res. ☐ Coml. _____ Bairro: _____
CEP: _____ - _____ Cidade: _____ Estado: _____ Tel.: ( ) _____
Fax: ( ) _____ E-mail: _____
Profissão: _____ Professor? ☐ Sim ☐ Não Disciplina: _____ Data de nascimento: _____

Editora Ágora
Rua Itapicuru, 613 7º andar 05006-000 São Paulo - SP Brasil Tel (11) 3872 3322 Fax (11) 3872 7476
Internet: http://www.editoraagora.com.br   e-mail: agora@editoraagora.com.br

cole aqui